# 京都だから成功した

## ベンチャーから世界企業へ

堀内　博
Horiuchi　Hiroshi

柳原出版

# はじめに

五、六年前から第三次ベンチャーブームといわれている。いまではベンチャービジネスという言葉は誰でも知っている。新聞やテレビでもベンチャーとかベンチャービジネスについて報じられない日はないほどである。創業とか、起業というよりベンチャービジネスというほうが、言葉として響きが良いかもしれない。産業界の新しい潮流としてベンチャービジネスというものがあるということが紹介されたのは三十年程前のこと。三和銀行が調査報告を発表したのが最初だったように思う。これをきっかけにベンチャービジネスという言葉が多少知られるようになった。この調査報告では会社をスピンオフして創業するよりも「のれん分け型」のほうが成功率が高いと結論づけていたように記憶している。当時はベンチャービジネスより分社経営が〝脚光〟を浴びていた。

ブームというのは一時期もてはやされていても、何年かたてば定着したり下火になってしまうものである。しかし、昨今のように起業の数より廃業や倒産する会社のほうが多いという状況が続けば、日本の産業は活力を失ってしまうだろう。ブームをブームで終わらせないためにも、ベンチャービジネスを志す人達が数多く出てくることが期待される。

いま、一般的にベンチャービジネスとはハイリスク・ハイリターン型産業で、ソフトウエアやＩＴ関連業種と理解されがちである。しかし、こうした産業や業種だけがベンチャービジネスではないだろう。ミドルリターン・ミドルリスク型の産業もローテク型産業も、起業の可能性を持っている。意欲のある人達が新しい感覚と取り組みで起業することによって産業界に新しい活力を生み出すことが求められている。チャンスは誰にでもある。誰だからできたというのはやめよう。求められるのはチャレンジする勇気と決断であろう。

四十年、五十年前に京都でハイテク型企業や電子部品の企業などが続出した。そして、わが国だけでなく、世界の業界をリードする企業に発展した。こうすればベンチャービジネスは成功するというようなＨＯＷ・ＴＯものやサクセスストーリーを紹介したものは少なくないだろう。しかし、そうしたものを読んだり、聞いたから成功するというものではない。何故「古都・きょうと」でこうした企業が生まれ、高成長をとげたのか。創業者のモノづくりにかけた燃えるような情熱であったのか。時代が育てたのか。他にどのような条件があったのかを改めて考えてみるのも参考になるのではなかろうか。

筆者は、四十年前に日刊工業新聞社に入社。京都で経済記者としてスタートした。また京都支局長も経験した。幸いにして数多くの創業者のベンチャービジネス時代を知り、創業の経緯や苦労話も聞くことができた。そこに共通するものはゼロからのスタートであり、人一倍の努力と人柄、また資金や技術その他支援してくれた人との出会いがあった。さらに京都が持っていたいろんな条件や産業土壌が力となった。これらの先達が京都以外の土地、東京や大阪などで創業していたら、現在よりもっと大企業になっていたかもしれない。だが、挫折していた可能性も大きかったのではないかと思う。歴史的な条件を含め、京都の土壌でこそ成功した、ということも無視できないだろう。そこで、ベンチャーから高成長企業、業界を代表する大企業に発展したオムロン、村田製作所、堀場製作所、ワコール、京セラ、ローム、日本電産などを中心に「京都だから成功した」という視点から主要企業と経営者の経営に対する姿勢、転機での決断などをまとめてみた。本書により京都産業界の今後を考えたり、ベンチャービジネスを志す人達の参考になれば幸いである。なお本文中の敬称は略させていただいた。

平成十三年三月

堀内　博

# 目次

# 第一章　高成長企業が育つ京都の土壌

# 京都盆地が技術系企業を生んだ

京都。きょうと。落ちついた、なんとなくやわらかな響きを持っている。京都から連想するものは、とたずねるとほとんどの場合「古都きょうと」とか「国際観光都市京都」という答えが返ってくるのではないだろうか。海外でも東京に次いで知られた都市だろう。京都は、古都とか観光都市のイメージが先行しがちであるが、昔から有力な工業生産地であったし、明治時代から今日のハイテク型企業のルーツともいえる電機、精密機械、化学会社が存在していた。しかし、古都京都の文化的蓄積やイメージがあまりに大きく、イメージをくつがえすまでの規模を持つには至らなかったのだ。

なぜ、京都にハイテク型の企業が育ったのだろうか。特に、戦後、いまや世界の業界をリードするような企業に成長したベンチャーが続々と誕生したのだろうか。時代が企業を生んだのか。創業者の能力であったのか。また、京都という土地柄とか土壌が、そうした企業の創業・発展を助けたのか。いくつかの条件が重なってベンチャーから高成長企業へと導き、日本中が、世界が注目する企業の地位を確立するまでになったといえる。

第一に地形的に京都は盆地であり、装置産業や臨海型の大企業が立地する条件に無かったことがあげられる。

いまや京都のシンボルの一つにもなっている京都タワーの展望台か、建都千二百年記念事業の一つとして建設されたJR京都駅ビルから、北の市街地を見ればよくわかる。そこまでしなくても、京都市の地図を見れば一目瞭然である。東を向けば歌人、吉井勇が「布団着て寝たる姿や東山」と詠んだり、サイレント映画の「東山三十六峯静かに眠るころ……」の名調子で知られた東山三十六峯が連なる。北は八月十六日、行く夏を惜しむ大文字の送り火の五山をはじめとする山並み。西も西山連山と、三方を山に囲まれている。また、市街地の中心に京都御所があり、神社仏閣も数多く点在している。南はといえば、昭和六年に京都市に編入されるまで現在の伏見区は伏見市であった。いまや干拓され工場や住宅が建設され、往時を忍ぶよすがもないが、淀川より南は、湖といってよいような広大な巨椋池《おぐらいけ》も広がっていた。

市街地も今よりもずっと狭いものであった。これでは千年の王城の地であったという制約を別にしても、広い土地を必要とする重工業の立地は物理的に無理というものである。

京都産業界の揺籃期《ようらんき》であった明治、大正から昭和初期までは、いわゆる旧市内のなかに存在した企業の規模はそれほど大きなものでなかった。また、当時としてはかなりの規模といえたかもしれない企業も、煙突からモクモクと煙を出すような企業は、東山・清水近辺の清水焼業者以外にはほとんどなかった。

昭和五十三年十月に廃止された京都市交通事業のうち、市電路線の西大路線（中京区、右京区、南区）の周辺部や、九条線（南区）から南の地区に工場が進出するようになったのは六十年あまり前からで、交通の便がよくなるのと平行して進んだ。〝戦前派〟といわれる企業の工場がこの時代につくられた。さらに、中堅・中小企業の進出が続き、京都市南部工業地区といわれるようになったのは、昭和三十年代に入ってからのことである。市内中心部と市内西南地区では、大きくいえば市内中心部の歴史都市と市内西南部の工業主体地区とに住みわけができたのであった。

ＪＲ京都駅を中心に現在の京都の主要企業本社まで車でなら十数分から三十分程度の距離にある。比較的狭い地域で〝しごと〟をしているだけに、顔見知りにもなりやすいし、各社の情報も入ってきやすい。人を押し退けてでも規模を拡大するとか、見込みのありそうな分野なら強引に参入するとかいうこともなく、「まあ、がんばりやす。うちはうちで分を守っていきます」というような京都人の気質も幸いした。

現在、京都を代表する企業をみても部分的にオーバーラップする部門はあっても、全面的に同じ部門で競合するということがない。例えば、昭和三十年代に高成長企業として注目され、エレクトロニクス三社といわれた立石電機製作所（現オムロン）、村田製作所、日本コンデンサ工業（現ニチコン）はエレクトロニクスという〝くくりかた〟に問題があったにせよ、業種が異なる。この三社に続く昭和四十年代前半の高成長企業である京都セラミック（現京セラ）と、東洋電具製作所（現ローム）と、村田製作所との関係をみても、バッティングするところは少ない。意識的でなく、結果的に住みわけができたわけであるが、ハイテク京都企業群を生んだ幾つもの条件のうちの一つだった。

## 西陣織、清水焼はハイテク企業の先輩

西陣織や清水焼という京都を代表する伝統産業が直接ハイテク企業につながるものではない。ハイテクというよりハイタッチ産業である。しかし、ハイテク京都企業群が生まれたルーツを求めれば、西陣織と清水焼の存在があったからだといえる。ワコールの創業者である塚本幸一（会長・故人）もよく「ハイテク京都があるのは西陣機業地があったから」といっていた。京セラや村田製作所などは清水焼と縁がある。もし、京都に焼き物産地がなければ、京セラや村田製作所は京都でスタートしなかったかもしれない。京都で業を起こしていても、今とは違う業種であっただろう。

京都企業の二大ルーツといえる西陣織と清水焼はどのような歴史をたどり、少なくとも明治維新まで代表的な産業として存在していたのか、その歴史を遡ってみよう。

京都に都が移された（平安遷都）のは延暦十三（七九四）年十月二十八日のこと。詔《みことのり》には現代訳で「この葛野郡の皇居は自然も美しく、諸国の人民がやって来るのに便利のよいところである。」（日本紀略）とあり、新しい都を平安京と呼んだ。

五、六世紀頃大陸からの帰化人の豪族秦氏一族が大和から深草（現京都市伏見区）を経て、洛西の嵯峨野から太秦《うずまさ》を根拠地として定住した。先進技能集団であり、新しい農耕技術や養蚕、絹織の法を移植したといわれている。

西陣織のルーツとなる朝廷機織工業も、こうしたバックグランドがあって伝統の第一歩を踏み出したようである。平安中期までは朝廷の織物をつかさどる役所の織部司が工人達を使い高級な綾錦《あやにしき》などを織らせた。鎌倉時代になると民業としての織物が盛んになった。この時期、宋から伝来した綾織の技法を真似て、貴族や寺院の装飾用の唐綾などを製織した。ここから京都の織物の歴史がはじまった。その後ときを経て室町時代、応仁の乱の兵火によって京都は全焼。織工たちも四散したが戦乱が収まると京都に戻り、復興へ力強く立ち上がった。応仁の乱の際に西軍の本陣の跡を中心に復興したので「西陣織」と呼ばれるようになったことは広く知られている。

安土桃山時代になると、明の先進技術を輸入して、新しい紗綾《さや》や紋織などを発案し高級な西陣織の基礎を築き、また豊臣秀吉の保護奨励策を受けて次第に盛んになった。さらに、江戸時代になると、平和の時代の恩恵を受けて繁栄。十七世紀初頭には大機業地に発展した。その後、享保十五（一七三〇）年に百八町、織機七千台を焼失する〝西陣焼け〟といわれる大火と、天明八（一七八八）年、市内の中枢部を全焼した〝天明の大火〟と二度の大火に見舞われ、機業は一時中絶状態となった。また、丹後、長浜、桐生など新興機業地の台頭もあって、幕末に向けてその勢いが衰えた。明治維新後、東京への遷都（今でも一部の京都の人達は正式な遷都ではないといっているが……）により、京都の町そのものも西陣も活力を失った。

しかし、明治新政府や京都府の支援のほか、西陣織物業界独自でも明治五（一八七二）年にフランス、オーストリアに三人の留学生を派遣し、ジャガードやバッタン織機を調査させ、翌明治六（一八七三）年に最初の洋式織機を輸入するなど、底力と先見性を発揮した。こうして西陣は我が国絹織物業の近代化の発祥の地となった。四十年後の明治末には織機二万余台、業者一万余、職工徒弟と呼ばれた人達は三万人あまり。生産額二千万円強、全国の織物総生産額の七％を占める大機業地の地位を確立した。

ちなみに明治三十三年の京都府著名物産調査によると、西陣織物が年産一千八百五十三万円、丹後ちりめんが五百七十七万円、染色、三百四十九万円。扇子・うちわ、金属器、刺しゅう、陶磁器、漆器、七宝などが三千二百五十四万円となっている。京都の伝統工芸品に占める西陣織物のウエートの大きさがわかる。

その後も、品質・技術の高級化と高度化の一方、大衆向け製品でも西陣の名を保ってきた。長い歴史を持つ西陣はいま、生活の変化や長引く景気低迷、生産者である織屋から消費者に渡るあいだの流通段階での価格上昇などもあって苦戦している。長い歴史のなかで、再起不可能というような大打撃から不死鳥のように蘇ってきた西陣の再興が待たれる。

西陣織製品は帯地、着尺、ネクタイ、金らん、緞帳など室内装飾織物・和装裂地その他に分類されているが、西陣織の特色は染色した糸を使って織る先染めの紋織物。企画・製紋―原料準備―機準備―製織―仕上げ工程のブロックに分けられる。この工程がさらに細かく分業されており、この手仕事、専門の分業体制が精緻《せいち》な西陣織の伝統を守ってきたと同時に、明治以降の近代工業の精密機械などにつながる器用さ、専門化や下請け・分業制に影響を与えた。

一方、清水焼は西陣織と並ぶ京都の代表的な伝統的工芸品で、京焼・清水焼という。京都の焼き物の起源は五世紀前半といわれるがハッキリしない。「京焼」は茶の湯の流行を背景に東山地域を中心に広がった京窯で焼かれたものをいう。

桃山時代の慶長初年（一六〇〇）頃には京都で窯業が始まっていた。数十年後には東山山麓や北山に本格的な陶窯が起こっていて、粟田口焼、八坂焼、清水焼、音羽焼、修学院焼などの名が出ている。本格的な色絵陶器も各窯業でつくられるようになり、現在、江戸初期から中期の作品は「古清水」と呼ばれている。その後も一世代を画す名工が出現し、また、色絵陶器を伝統としてきた京焼が登場したのは文化・文政期。伊万里磁器が大量に入ってきたのと、名工の輩出だった。本格的な磁器の焼成がはじまり、ここから我々が知る清水焼の歴史がスタートしたといってよいのではないだろうか。

京焼・清水焼といえば、美術工芸品や高級食器と花器、茶器、置物と、清水焼業者が業品を手がけた電磁器がある。工芸作家でそれぞれ伝統の何々窯と伝統を受け継いでいる人達以外に、三、四代前に京都へきた九谷、伊万里、信楽焼関係者の子孫も多い。現在、生産地は京都市の清水、泉湧寺地区中心から、京都府下の宇治市や亀岡市、城陽市、向日市、長岡京市などに拡大している。

工業関係の電磁気製品にはガイシ、セラミックス製品がある。明治二十三年、蹴上水力発電所が送電を開始する前後から、ガイシなど電気関係の製品が清水焼の伝統を受け継いで新しい分野として登場したのである。

## 京都は一大工業生産地だった

江戸時代、東京（江戸）、大阪（浪速）と京都が三都と呼ばれていた、と聞いても、それは権威の象徴であった朝廷があったからだと思う人が大半だろう。しかしそれと同時に京都は、当時、三都と呼ばれるのにふさわしい〝工業都市〟でもあったのだ。

西陣織と清水焼は京都を代表する伝統産業で、染め物（京友禅）とともに手工業ではあったが、生産額や従事する人達の数からみて代表的な産地の地位を確立していた。その製品の多くは高級ブランド品であって、庶民が持ったり、使えるようなものでなかった。憧れの品で、ブランド的には最近の内外のブランド品よりも高かった。この他にも伝統産業は数多く存在していたし、現在にも連綿と受け継がれている職人たちの熟練の技で、いかにも京都らしい伝統工芸品が生み出されている。

全国には国が指定した伝統的工業品が平成十一年七月現在で百九十三品目あるが、そのうち京都のものを見ると、西陣織、京友禅、京小紋、京黒紋付染、京鹿子絞り、京繍《きょうぬい》、京くみひも、京人形、京漆器、京焼・清水焼、京扇子、京うちわ、京指し物、京仏壇、京仏具、京石工芸品、京表具の十七品目も指定されている。そしてこれらすべてに〝京〟がついていることに気づかれるだろう。これは京というのが歴史的にブランド品とされていた証でもあろう。

伝産法で指定されている業種だけでもこれだけあるということで、京都の伝統工芸品はこの他にもまだまだある。伏見の清酒（日本酒）から金属工芸・七宝、象嵌、工芸菓子、念珠、京弓、金網細工、花かんざしなど四十七製品もある。このほとんどが何百年の伝統を持っているわけである。ほとんどの製品が京都ブランドとして全国に出荷されていたことを考えると、京都は一大工業地だったということが理解できよう。

伝統工芸品はもちろんのこと、一般的な製品でも手工業であったから人の手によってつくられていたのはいうまでもない。複雑な、多くの工程を持ち、分業体制が確立していたものも数多い。当然、多くの人達が従事していた。分業体制の限られた範囲ではあるが、熟練の高い技術を身につけていた。朝廷、貴族、神社仏閣などからの注文は高度の技術を必要としただろうし、現在の京都に生きるハイテク、ハイタッチのセンスはこうして伝統産業や伝統工芸で育てられた。

必要とする原材料などがすべて京都で調達されたわけではない。原材料は全国から届けられ、京都で加工されて分業体制を経て完成品に仕上げられていくのである。原材料の搬入と全国へ向けての製品の流通には情報がついて回る。情報の精度とか情報のレベルは様々であっても、情報量が豊富であったことは間違いない。また地方から京都へやって来て住みつくという人達も少なくなかった。こうした刺激もあって、京都は昔から高度な技術を集積した町であったのだ。

## 京都人は保守的だが意外に新しいもの好き

一般的に、京都の人というだけで保守的とみられる場合が多い。これは一二〇〇年間、朝廷や貴族、また権力者となった武家政権の顔色をうかがいながら暮らしてきた間に身についた保身術であるのかもしれない。

よく「角を立てないように」とか「やんわりと」というが、物ごとをはっきりいわず相手にはただちに拒否と思わせずに断る方法……「考えておきます」という言葉が京都人、特に商売をしている人達の間でよく使われる。考えておくというのだから、前向きに検討してくれているのだと思ってしまう。ところが「考えておきます」というのは、はっきりNOという代わりのNOということなのである。これが東京だと何日ごろまでに返事をするとか、結論を出す、とはっきりしているだろう。大阪なら「なんぼにしてくれるなら、いくら買いまっせ」とか、ちょっと面白い話なら「それ一緒にやりまへんか」と結論が早い。YESかNOかをハッキリさせずに時間を稼いで相手があきらめてくれれば角が立たないというわけである。

これだけで保守的だと決めつけるわけにはいかない。商売上のテクニックともいえるがビジネスから近所づきあいまで、フンワリと一枚薄いベールを掛けたようなのが京都風とでもいうのだろうか。また、外部からみれば、一二〇〇年の歴史遺産に囲まれているという雰囲気からの連想もあるだろう。慎重に慎重に、うちは分相応に暖簾《のれん》を守っていくという商売のやり方が保守的とされる場合もある。そうしたなかで暮らしていると染まってしまうものなのだろう。

しかし、京都は古くから人や物資の集散地であり、このヒトとモノの動きによって各地の〝最新の情報〟がもたらされる情報先進地であったし、朝廷などの動きもいち早く入手して、情報を京都発として地方に発信していた。当然、ヒトとモノの動きはあらゆる分野に刺激を与え、活力を生み出していただろう。

ともかく保守的といわれる京都だが、意外に新しいもの好きな面も持っている。代表的なものとして挙げられるのが、琵琶湖疎水の建設であり、水力発電所の建設、電灯と市電の開通などである。それらは、明治維新後二十数年で保守的な京都に次々と実現したのである。東京遷都後、京都が目に見えて急速に衰退していったという危機感もあっただろうし、お上の決定、さらに先進欧米諸国に見習って文明開化をという時代の風潮などが微妙にミックスされていたこともあろう。さらに見過ごされがちだが、当時の指導的な立場にあった経済人の存在などがいち早く保守的な京都に近代文明の礎を築いた。

近世の京都は江戸、大阪とともに三都と呼ばれ、人口は三十五万人ほどあった。東京遷都の翌年の明治三年には約三十三万二千人だったのが、遷都の影響から明治五年には二十四万四千人、明治七年には二十二万七千人と、京都の人口は三〇%も減少している。町の活気もなくなり、先行き不安の暗いムードが漂っていたことだろう。ときの政府としても第三の都市の〝惨状〟を放っておくわけにはいかなかっただろうし、うがった見方をすれば、ときの政府高官たちは維新の志士であり、京都には格別の思いを持っていた人達も多かっただろう。また地元の京都でも、京都府知事をはじめ主立った経済人から庶民に至るまでもが京都再建の志を持っていた。

まず明治十四年に、三代目北垣国道京都府知事の先見性やリーダーシップと京都市民の京都再建の熱意によって、工業振興のシンボル「琵琶湖疏水建設計画」が打ち出され、明治十八年一月二十九日起工、難工事のすえに明治二十三年三月、第一疏水が完成した。この運河の完成によって、琵琶湖から京都を経て大阪に至る物資輸送の大動脈が完成した。同時に、水力を利用して蹴上水力発電所が送電を開始している。京都に電気の明かりがともるようになったのは、疏水の完成より一年早い明治二十二年だった。東京に次いで明治二十一年に京都電灯会社（明治二十六年株式会社）が誕生している。

本格的な発電が行なわれるようになると、工業用の動力とか電車ということが連想されてくる。わが国で電車が走ったのは、明治二十三年、東京で開かれた内国勧業博覧会の公園内の特別軌道で、アメリカ製の電車二両を走らせている。しかし、これは博覧会のイベントであって、公共交通機関としての本格営業は京都が最初。明治二十八年に、京都電気鉄道会社が現在の京都駅前から伏見下油掛間約六・五キロメートルを走らせたのが事業としては最初のものである。ちなみに運賃は一区二銭、全区で六銭であった。この年は平安建都一一〇〇年記念の年に当たり、電車も大人気だったという。続いて市内に路線が延長され市民の足となっていったが、大正七年京都市が買収し、京都市電としてさらに発展していった。

このように欧米の近代工業技術をいち早く取り入れ、市民も抵抗感無く受け入れていったということは保守的な土地柄だけに、逆に面白い現象である。反面、指導者、関係者の先見性におうところが大きいし、そうした人材が京都に存在していたということになる。

明治二十年代の事業や建物は現在、左京区岡崎一体に存在し、当時の面影を忍ばす文化遺産として、観光資源として多くの人達を引きつけている。蛇足ながら、琵琶湖疎水とインクラインはその役目を終えてから観光、散策の道として愛されているし、蹴上発電所もこの界隈になくてはならない建物となっている。また、平安神宮は建都一一〇〇年を記念して建てられたも

のであり、時代祭も一〇〇年前からの祭りである

## 大学都市だから早くから産学協同ができた

我が国の工業近代化は、百三十年前、京都から始まった。明治維新後、首都が東京に移ったが、いち早く西欧文明を取り入れて産業振興を図り、東京を見返すという京都人の反骨精神と、それなりの産業基盤があったからである。明治二年、明治天皇からの下賜金十万両（円）と明治新政府からの十五万両（円）の二十五万円をもとに殖産振興のため、明治三年に舎密局《しゃみきょく》が設置されたのに始まる。この舎密局は現在の工業試験場の小型版ともいえるもので、製糸場、製革、織り工場、女紅場、染殿で構成されていた。

さらに、ときを経て京都産業界に精密・電機等の開発型企業群が育ち、昭和二十年前後からベンチャーが続出した背景に、京都大学をはじめ理工学部を持つ大学の存在があったことは無視できない。

大学の開学以前に、明治維新から東京遷都後、産業振興や京都の衰退を支援する目的で、いち早く勧業場や理化学研究のために舎密社が設置され、薬料、石鹸、陶磁器などの装置と研究

が始まっていた。その後、明治三十（一八九七）年に京都帝国大学が創設され、京大工学部の歴史が始まった。当時、工業近代化のため理工系の人材が求められていたからだが、すでに第三高等学校（三高）に、土木工学と機械工学が設置されていたことも大きい。京都の企業は、三高時代から土木や機械関係の指導を受けることができ、意欲的なところは積極的に接触し、当時の最先端技術を吸収していったわけである。

京都大学では開学の翌年、明治三十一年には電気工学、採鉱冶金学、製造化学の三学部が開設され、現在の工学部の基礎ができあがった。帝国大学は東京だけであったところに、京都にも帝国大学が設置され、特色あるものにしたいという要望に応えて革新的な学風が生まれた。後に我が国で初めてのノーベル賞受賞者となった湯川秀樹博士や福井謙一博士がでたのも、東大とは異なる京大の学風が受け継がれていたからといえるだろう。

その後、昭和十四年に燃料化学科が、続いて化学機械学科、繊維化学科、航空工学科が新設され講座数も増えた。敗戦後、昭和二十一年に航空関係の航空学と航空電気学の講座が廃止されるとともに応用物理学科が設置されるなどの歴史をたどり、昭和二十四年五月に新生京都大学が誕生した。また、昭和二十八年には大学院が設置され工学研究科が発足した。

戦後は、社会の変化や産業界などの科学技術の振興と、科学技術者育成の要請を受けて、新しい学科ができた。時代の要請という面から新しい学科の増設をみると、昭和二十九年に電子工学科が設置されている。その後も既設学科の充実や新しい学科が増設され、現在は、大きく分けて建築学科、地球工学科、物理工学科、電気電子工学科、工業化学科、情報学科のもとに多くの学科がある。

この間、京都の企業は、規模の大小を問わず、京都大学工学部の先生などの指導を受け、中小企業でも自社製品を開発するなど、京都産業界の特色ある形成に、京都大学工学部の影響は有形、無形に大きかったわけである。

また、工芸、繊維関係では京都工芸繊維大学の存在がある。現在の工芸、繊維両学部は明治三十五（一九〇二）年設置の京都高等工芸学校と明治三十二（一八九九）年の京都蚕業講習所開設にはじまり百年の歴史を持つ。この間、西陣織、丹後ちりめんや染色関係さらに京都の伝統産業の高度化、近代化に研究、人材育成の両面で寄与してきた。昭和二十四年の学制改革により両校が合体して現在の京都工芸繊維大学となった。

工繊大発足当時は、機織工芸、染織工芸、窯業工芸、建築工芸、養蚕、製糸紡績、繊維化学の七学科であった。その後、昭和二十九年に意匠工芸学科と工芸学、繊維学の二専攻科が新設され、三十年代に繊維別科、生産機械工学科、電気工学科が開設された。以後、工業化学科、機械工学科、工業化学科、無機材料工学科、電子工学科、住環境学科、蚕糸生物学科、建築学科、高分子学科、応用生物学科、機械システム工学科、電子情報工学科、物質工学科、造形工学科が開設されるなど拡充されてきた。

現在は工芸学部に機械システム・電子情報・物質・造形の四工学科と、繊維学部に応用生物・高分子・デザイン経営工学・教職学科目の四学科があり、幅広くハード、ソフト面の基礎研究と先端応用技術研究を行なっている。また、昭和四十年と四十一年に大学院修士課程の工芸学研究科と繊維学研究科が、昭和六十三年には博士課程が設置されている。

工繊大として発足以来、開かれた大学、産学協同による技術と研究に力を入れてきたが、平成二年に大学と産業界の連携、協力窓口となる地域共同研究センターを設置。平成五年に研究、情報発信、教育機能を備えた地域共同研究センターが完成。産業界との共同研究で多くの成果をあげている。また、産業基盤拡充の一環として、高度の専門知識とベンチャー精神に溢れた人材育成のため、大学院ベンチャー・ラボラトリー（ＫＩＴ－ＶＬ）を設置しているが、こうしたことでも産学連携への積極的な姿勢が見られる。

つぎに産学協同の一環として私立大学を取り上げることにする。同じような記述になるため、やや単調な学校案内となるが、しばらくご辛抱いただきたい。

同志社大学や立命館大学は早くから理工学研究部門の教育を行なっていた。両校とも工学部や理工学部となったのは昭和二十四年の学制改革からであるが、その萌芽は同志社では明治二十三（一八九〇）年に我が国で初めての私立高等科学教育機関として設立されたハリス理化学校である。同志社の私立総合大学構想に先駆けて同大学での科学教育を援助するためアメリカのJ・N・ハリスから当時の金額で十万ドルの寄付を得て創設されたもの。不幸にして七年間で廃校となったが、理化学の人材教育と同時に鉱石・金属・化学品や食品・飲料水などの検査、化学工業関係の相談を行なっていた。歴史こそ短かったが、ハリス理化学校で有料の検査、化学工業の相談を行なっていたということは、明治二十年代に京都を中心に有料検査や相談、指導を受けにいく企業が存在していたことでもある。その後、ときを経て昭和十九年に電気通信科、機械科、化学工業科の工業専門学校が設立され、昭和二十四年に電気学科、機械学科、工業化学科を置く工学部に昇格した。

昭和六十一年、関西文化学術研究都市の北部に位置する田辺キャンパスの完成とともに、工学部は発祥の地、京都市内から移転をはじめ、平成六年に全面的に統合移転した。現在、知識工学、電気工学、電子工学、機械システム工学、エネルギー機械工学、機能分子工学、物質化学工学の七学科がある。また、昭和三十一年に電気工学、機械工学、工業化学の三専攻で構成された大学院工学研究科が設置され、その後、平成十年に知識工学と数理環境科学の二修士課程を開設、同十二年四月、知識工学専攻の博士課程（後期）を開設している。このほか、田辺キャンパスへの全面移転を機に、先端的の技術研究開発と産官学交流推進機関として「先端科学技術センター」を設立している。

立命館大学は百年の歴史を持つ。大学に理工学部が開設されたのは昭和二十四年、新学制になってからである。だが、技術系学生の教育という面では、時代の要請もあり昭和十三年に機械、電気、応用化学、土木、建築の五学科と夜間部に機械、電気の二学科からなる立命館高等工科学校を設立している。昭和二十三年に新制大学となり、二十四年に理工学部が設置された。平成四年に滋賀県草津市のびわこ・くさつキャンパス（ＢＫＣ）へ拡充移転した。この間、多数の技術系学生を育成してきたほか、産学協同の実績もあげてきた。

理工学部が草津市へ移転したとはいえ、京都から四、五十分の距離にあるだけに、京都、滋賀の企業との連携はますます強まっている。平成六年に、光工学科とロボティクス学科を設置。現在は数理科学科、物理科学科、応用化学科、化学生物工学科、電気電子工学科、光工学科、機械工学科、ロボティクス学科、土木工学科、環境システム工学科、情報学科の十一学科を置いている。大学院の理工学研究科には、数理科学、物質理工学、環境社会工学、情報システム学、総合理工学がある。

平成十年、経済学部と経営学部のＢＫＣでの新展開に伴い、理工学部との三学部で学部のカベを越えた総合的な次世代型キャンパス、「文理総合インスティテュート」が注目されている。この内容は金融全般を学ぶファイナンス、環境とデザイン経済的・工学的手法などマネジメントの環境・デザイン、ヒューマンビジネスとスポーツサービスを対象とするサーヴィスマネジメントの三インスティテュートが設置されている。

新しいところでは、昭和四十年に開学した京都産業大学は、将来社会を担って立つ人材の育成を建学の精神として、経済学部と理学部で発足。翌昭和四十一年計算機科学研究所を設置したのに続いて、学部、学科を増設し、総合大学としての体制を拡充してきた。理工系だけをみても、昭和四十四年大学院理学研究科修士課程を設置し、四十六年に大学院理学研究科に博士過程を設置するとともに、時代のすう勢に対応して理学部応用数学科を計算機科学科に変更。平成元年に工学部を増設。平成五年に大学院工学研究科修士課程を、翌平成六年に同博士過程を設置し、工学関係の研究の高度化を進めた。

現在、理学部は数学科、物理学科、計算機科学科の三科。工学部は情報通信工学科、生物工学科の二科と、大学院では理学研究科数学専攻と物理学専攻、工学研究科は情報通信工学専攻と生物工学専攻の研究科を持っている。工学部関係は大学、大学院を通して情報通信とバイオ、遺伝子に代表される最先端の情報通信工学と生物工学の研究、開発に取り組んでいる。

昭和四十一年に設置された計算機科学研究所は、コンピューターによる情報科学の可能性追求を共通テーマに、理論から応用までの幅広い研究を行なっている。今後の課題として産学協同研究開発など、産業界との連携強化を図っていく方針である。

龍谷大学は、創立三百五十年記念事業の一環として平成元年に、科学技術の動向に対応できる理学と工学を融合した理工学部を滋賀県大津市瀬田に新設した。現在この理工学部には数理情報学科、電子情報学科、機械システム工学科、物質化学科の四学科が置かれている。大学院も学部同様四専攻からなっているが、新しいだけに主要教育・研究・実験設備は最先端、トップレベルの設備を整備している。

瀬田キャンパスでは、知的交流と情報の発信、新しい大学への挑戦の拠点として大学・大学院と連携して、龍谷大学エクステンションセンター（ＲＥＣ）を平成元年に発足させ、同二年から事業を開始している。ＲＥＣは、他の大学や海外研究機関などとの学術交流や研究参加をはじめ、官公庁その他を対象に各種講座や共同・受託研究、連携・情報提供をおこなっている。民間企業とは、産学交流制度のもと会員制で共同研究、受託研究のほか、受託研究員・研修員の受け入れとか各種相談、レンタルラボ、施設や機器の利用などを行なっている。さらに、地域社会とは公開講座、リカレント教育、生涯教育、キャンパス解放などで実績を上げている。

京都で明治時代から今日まで産学協同が他都市より活発であり、企業活動に生かせたのは多くの大学があり、そこで学んだ学生が、京都の企業へも就職していったからである。京都の持つ有利な条件の一つであったし、理工学部を中心に、開かれた大学とか産学協同開発などを積極的に進めようと大学自身が変化してきている。大学の持つ知的財産をどう活用し新しい経済、産業の構築に役立てるかということは大学、産業界とも片方だけの問題ではない。新しい時代の風を受けて素晴らしい成果が生まれることが期待される。

## 島津製作所は京都産業界のルーツ

島津製作所は百二十五年の歴史を持つ。京都の地形や大学などとともに、精密、電機、化学など今日の京都産業界の原型をつくった、京都近代工業のルーツである。同社より歴史の古い企業もあるが、精密機械、電機、理化学関係など事業の幅を持っていたということでルーツといって間違いはない。戦前からの歴史を持つ企業で設立当初、島津製作所の支援を受けたところもあり、こうしたことからも現在の京都産業界の基礎ができたのは、島津製作所があったからといえるだろう。

京都で創業した島津製作所の初代島津源蔵は、肥前（熊本）から京都へきて仏具などを製造していた島津清兵衛の次男であった。初代源蔵も仏具を製造していたが、二十一歳で分家ののち、舎密局に通い西欧の技術を吸収するとともに、明治八年に理化学器械の製造を始めている。百三十年近く前に〝産学協同〟を始めていたわけである。

この頃、京都にも〝お雇い外国人〟といわれる西欧の学者や技術者が招聘され、当時の欧米先進技術の導入が盛んに行なわれた。このなかで京都府が招聘したゴッドフリート・ワグネルは京都産業界の恩人である。理化学教授として工業化学製品の研究に当たると同時に、いまや京都の伝統産業となっている陶磁器や七宝をはじめ石けん、ビール、顔料、合金、耐火煉瓦、マッチ、ガラス、電気メッキ、写真、石版印刷、染料の技法指導と改良に大きく貢献した。ワグネルの功績を讃え左京区の勧業館の近くに顕彰碑が建てられており、毎年顕彰会が催されている。

初代島津源蔵は当然ワグネルの指導も受け、技術を身につけると同時に、新しいものに取り組んでいった。京都を代表する先進的な、現在の京都産業界の先駆者であり〝ベンチャービジネス〟の先達であったのだ。

明治十年に開かれた第一回内国勧業博覧会には、創業二年目だったが錫製ブージーを出品している。また、この年の年末には京都御所で軽気球を揚げるなど、京都で理化学的な新しい試みがあると島津源蔵の名前が出てきている。明治十五年には製品カタログ的な「理科器械目録表」を出している。これには図面や器械の価格表がつけられており、当時の理化学器械の値段を知ることができる。また、明治十九年には月刊誌「理化学的工芸雑誌」を創刊。若手の学者や技術者を起用して、欧米の新知識や科学技術を紹介した。さらに、社屋の一部を開放し、理化学会という実験講習の場を設けるなど、明治初期の京都の、日本の科学技術近代化に大きく貢献している。

こうした初代源蔵の理化学への積極的な取り組みと情熱は、長男梅次郎（のちに二代目源蔵を襲名・日本のエジソンとも称せられた）に受け継がれた。二代目源蔵は明治十七年、十六歳の時にウィムシャースト感応起電機を完成している。イギリスで発明された翌年のことであった。初代源蔵は明治二十七年に死去し、長兄梅次郎が二十六歳で二代目源蔵を襲名し家督を継ぎ、島津製作所の所主となった。次男が源吉、末弟が常三郎といった。

翌明治二十八年に新たに標本部を新設した。標本部は、人体の骨格や動物の剥製など標本や模型を製作して学校などからの注文に応じた。これによって講義だけでなく視覚や触覚による多角的な教育が可能となった。また、京都でマネキンを製作する会社ができるルーツともなった。大正十四年にはマネキンの生産を始めている。

明治二十九年に、我が国の科学技術の発展のなかで画期的な成功があった。エックス線写真の撮影に成功したことである。この前年にドイツのW・K・レントゲン博士がエックス線を発見し、学会誌に公表した。我が国でも東京帝国大学や第一高等学校などで実験に乗り出したが、京都では第三高等学校の村岡範為馳教授が電源設備のある島津製作所で実験を始めた。実験には源蔵と弟の源吉が参加し、実験を重ねた結果、源蔵が完成したウィムシャースト起電機を使用して、明治二十九年十月十日に日本初の撮影に成功した。そして明治三十年には教育用エックス線装置を製作して販売を始めている。

しかし、本格的なエックス線装置の電源には電池が必要であった。実験と平行して、源蔵が国産の蓄電池の開発にあたり試作に成功した。そこで、島津製作所が鉛蓄電池の製造を始め、本格的な実験も容易となった。その後も蓄電池の研究開発を進め、明治三十七年に据置用蓄電池を開発した。エックス線装置では明治四十二年に大型医療用エックス線装置を開発するなど、医療用エックス線大型装置のパイオニアとして大きな地歩を築き、今日でも主力部門の一つとなっている。また、明治末には電気計器や測定器類も生産を開始している。この他民生用として扇風機なども生産しており、創業記念館に保存されている。

島津の蓄電池事業は、明治四十五年に専門工場をつくり、大正六年一月に日本電池として分離独立した。本体の島津製作所も、大正六年九月一日に資本金二百万円で株式会社に改組された。電池の関連事業として鉛電池の鉛の粉末の活用ということから生まれた同社の塗料部が分社して、昭和四年に大日本塗料が設立され、昭和十二年にバッテリー機関車などの日本輸送機が日本電池の主取引企業を母体に設立された。現在、四社は別法人となっているが、「四社会」として月一回、四社の役員懇談会が続いている。

島津源蔵は島津の経営を近代化、拡充するだけでなく、大正初年には京都瓦斯、中央倉庫、京都織物の取締役も兼務していたほか、現日本新薬が大正八年、個人経営の京都新薬堂が法人化するときに発起人の一人として参画するなど、京都を代表する経済人として多方面に活躍しており、京都工業界の方向づけをした人といってもよいだろう。

京都近代工業のもう一つの流れが電機業界である。明治十八年の創業で、大阪で電信機や電話機などを製造販売していた奥村電機商会が明治二十八年に本拠を京都に移したのが草分けとなった。同社は、蹴上水力発電所の設備の修理の一方、発電機や変圧器などを製造していた。その後発展を続け、大正十年には約二十一万平方メートルの工場を建設するなど、我が国一流企業に列したが、昭和四年に経営に失敗し倒産してしまった。

明治時代の電機企業としては、他にも現在の日新電機が四十二年に産声を上げている。多彩な経歴を持ち、島津製作所にも籍を置いた富沢信が電機機器の工場をつくり、翌四十三年に日新工業社としてモーター用や配電盤用の指示計器を製造している。大正六年に法人化して日新電機となった。

もう一社、井上電機製作所が明治四十四年に設立され、配電盤や高圧電気器具などの製造を始めており、同社は現在、京都府向日市で、重電関係の中堅企業としてその歴史を刻んでいる。オムロンの創業者、立石一真が一時勤めていた会社でもある。

これに続いて配電盤メーカーの宮木電機製作所がある。創業者は宮木男也（故人）で重電の中堅メーカーであるが、京都電機業界のリーダーであった。宮木は後に京都電機工業会を組織したこともあった。企業に働く人達の健康を守る京都工場保健会の会長を長く務め、いま同会に遺産で宮木ホールを残している。また、京セラの稲盛和夫名誉会長が独立するときに、初代社長になり資本参加したほか工場の一部を貸したりなどベンチャーの育成のため支援の手をさしのべたことが知られている。

## 何かでベスト10に入る企業が多い

先に京都の近代工業黎明期からの動きをみてきたが、精密機械、電機、化学関係など戦前からの企業を中心に技術力とか分野別などで、業界のベスト10に入るような主だった企業を挙げると、意外に多い。

伝統産業以外にオールジャパンで業界として通用するような業種の集積はないが、歴史のある企業が存在し、技術型の中規模企業が多い。業界別ランクでは上位には顔を出さないが、歴史や技術力でベスト10には入ってくるのが京都企業の特徴である。

戦前からの企業で業界トップは、日本電池と大日本スクリーン製造だけである。そのスクリーンも急成長したのは戦後のことである。島津製作所にしても、各事業分野で三指に入っても他を圧するような一位はない。あえていえば、計測機器というまとめ方をすればトップではある。電機関係では日新電機があり、薬品では日本新薬が中堅優良企業として知られている。また化学関係では第一工業製薬や三洋化成工業が技術力の高い企業として評価されている。特に三洋化成は高吸水性樹脂で一般にも知られるようになった。非上場企業では繊維機械と物流システムで確固たる地位を築く村田機械があり、計量器業界でトップのイシダがある。

〝戦後派企業〟でみるとワコール、オムロン、村田製作所、堀場製作所、ニチコン、京セラ、ローム、日本電産……と新しい分野を開拓した各業界でトップランクの企業が目白押し。オムロンを除いて（オムロンも高成長企業として注目されだしたのは戦後二十年代後半からだが）戦後派の企業で、ベンチャーからそれぞれ業界のトップなり主力企業に成長した企業ばかりである。

これらの多くの企業は部品関係で、我が国経済の高度成長とともに、多くの産業分野でその成長に寄与する製品の供給や製品の高度化をすすめ、そしてその結果、その評価、需要は世界的なものとなり、いまや世界が評価する企業に発展したのである。

重厚長大型、大量生産型の企業は一社もない。ハイテク、ハイタッチ型であり、本社は京都に置くが京都の企業との取引は〇・何％からほんの数％にとどまっている。資材や部品の購入とかユニットや部品の製作などを下請けに出すという面では、京都企業の活性化に寄与している。これは京都に家電、自動車、通信機器などアッセンブリー型の企業や電子部品を中心とした企業のユーザーが立地しておらず、ユーザーは一〇〇％他府県にあるということである。

最終商品が少なく、一般の消費者には京都の企業の〝顔〟が見えてこないが、これら企業は雇用という面だけでなく固定資産税とか所得税という京都府、市の財政の面でも貢献度の高い、心強い存在なのである。さらに、一部代表的な企業については、いまや京都のイメージアップということでも評価されてしかるべきではないだろうかと思う。

## 小企業のモグラたたきはしない

ベンチャー企業が京都で成功できた一つの条件に、ベンチャー企業が安定した取引先を確保して、企業としての体制を整えてきた段階で、既存の企業がこの新人会社を〝モグラたたき〟しなかったということもあるように思う。

歴史があり、狭い土地柄だけにベンチャーでも、どこの会社に勤めていた人が独立したのかとか、個人情報がかなり分かること。京都人の気質の面でも触れたが、お手並み拝見というのかコンペティター的存在になるまでは、京都弁で「まあ、がんばりやす」と見守るようなところがある。狭い土地だけに、えげつないことができないということもあっただろう。

また、合弁会社を設立しても経営権や製品の生産を譲ったりという事例もある。原材料を納入している会社と同じ製品を生産販売していても、原材料の製品テストと見てもらえるし、一方は原材料納入先よりも生産規模を拡大しないという奥ゆかしさもみられる。この程度のところだと原材料の研究というようなことで理解を得られるだろう。

戦後、ベンチャー企業から上場企業へ、さらにグローバル企業へと発展した多くの企業は、まず第一に創業者の事業に取り組む姿勢が評価された。また、支援者の出現や先輩企業が有望な事業と見て参入してこなかったことで、企業としての基盤をつくることができた。特許や生産のノウハウなどがあるため、先輩、上場企業などが参入しようとしても簡単ではなかったかもしれない。だが、特にエレクトロニクス、セラミックス関連分野に参入しなかったのは、時代を読み事業化する感覚が鋭くなかったのか、自社の歴史と技術を過信していた、といえるかもしれない。こうした理由のほかに、京都らしくベンチャー企業を温かく見守るという風土も幸いした。また、これら後輩企業は新しい分野を開拓していったのでバッティングしなかったということもあろう。

この結果、オムロン、村田製作所、ニチコン、京セラ、ローム、日本電産などそれぞれに一業一社的な存在で、住みわけができている。こうしたところも京都らしいところであり、高成長企業が育った要因の一つといえる。そして現在はこれら企業のトップ同士がお互いに刺激しあって、より企業力を高めようとしている。

誰かが飛び出すと、陰に日なたに足を引っ張るという気質の一方で、後輩の頑張りを歴史的に見守ってきた。この複雑な京都人の性格も影響してか、新製品を開発しても以前は二、三年は開発者メリットを享受できたという。ところが最近は京都というよりも、他府県の企業が半年もしないうちに参入してくるので、うっかり開発しないほうが得という情勢になってきている面もある。厳しい、せちがらい時代になってきており、余裕がなくなってきていることもあるだろうが、一般的に上場企業ともなれば、少なくともスモール企業の成長を見守る位の度量と、地域の活性化という視点を忘れてほしくない。こう思うのは筆者だけではないだろう。いま京都では大手、中堅の先輩経営者が次の成長企業を目指すベンチャーにいろんな形で助けの手を差し伸べようとしている。近い将来、この努力、気持ちが結実することが期待される。

## お高く留まっていては追い抜かれる

京都の町々を歩くとこんな所に、という目立たないところに店があって、〇〇御用達というような看板がヒッソリとか、当たり前のようにかかっているのをみかけることがあるだろう。一〇〇年、二〇〇年誇りをもちながら続いてきた店で、なかには、一般に販売していない店もある。これも一つの営業方針で、京都らしい、京都だからできる経営といえる。また見えないところで伝統を守ると同時に創意工夫が凝らされているのである。

こうした規模、方針のところは、それなりに自分たちの経営方針に徹しており、他の店がどうであれ、右顧左眄《うこさべん》しない一徹さを持っている。これは立派な経営方針である。ところがある程度以上の規模となり、ヒット商品も出して人気も高まった、規模も大きくなったとか、そこそこ歴史もできたというようになって、自信過剰から経営に失敗するというケースは多い。伝統や人気に胡座《あぐら》をかくとか、お高く留まった商売をするなどはドラマの世界だけではない。

これは、産業界でも起こりうる。立派な活力のある会社になるには、上場企業なら何代か優秀な経営者が続き、継続して改革を続けなければ結果は得られない。オーナー経営者ならカリスマ性で会社を、従業員をレベルアップさせられるだろう。立派にするには時間がかかるが、優秀な人材を抱えながら沈滞、停滞させてしまうのは簡単だ。

筆者は四十年間、経済記者やOBとして幾つもの実例を見てきた。残念ながら、京都でも長い歴史を持ち、代表的な企業とされていた会社が、歴史の浅いところに抜き去られ、業績は半分程度という大逆転が演じられている。また、上場企業をスピンアウトして創業し、うまくいって急成長したまではよかったが、一般紙までが取り上げるようになると、講演その他で本業がおろそかになって消えていったところもある。企業としての基盤ができてからなら成功者として、社会や後輩に寄与するところは大きい。この場合は、独立がたまたまうまくいっただけで、企業としての基盤は弱いものであったので、お高く留まったというより、有頂天になってしまったようだ。

このほか、四、五十年前に大学の先生の指導を受けて自社製品も生産していた中小企業を何社も知っているが、いつの間にか姿を消した企業があった。バブルのときのように不動産や土地に手をだしてつまずいたというようなことでなく、「大学の指導を受け、それを製品化できる技術力があり、それだから指導もしてもらえるのだ」と中小企業なりにかなりの技術力を持っていた。この技術力に対する過信が新製品開発の遅れなどにつながり、企業倒産の一つの引き金になったことは否めない。

京都で歴史のある上場企業の中には、名門意識だけが強いという企業が幾つかある。そうしたところは経営者も幹部も〝世間を知らない〟といえる。原因の一つは京都に同業他社が存在しなかったり、名門だという自分たちだけの思い込みである。こうした〝京都らしさ〟は四十年前にもあったが、その間、経済や社会は大きく変わった。にもかかわらず一部企業にはいまだに残っている、というより体質、社風になっているだけに、払拭するにはまだまだ時間がかかるだろう。

ここ数年でもこの〝京都らしさ〟を体験したし、今回の取材に当たっても「社長は忙しくてお会いできません。またの機会によろしく」と断られたところが数社ある。なかには会社とまた前会長などとどれだけ長く、親しく付き合っていたのかを十分理解していながら取材を拒否されたところもあった。その腹いせにいっているのではないが、かなりの時間的余裕を持ってインタビューを申し込んだにもかかわらず、それでも忙しいというのはどういうことなんだろう。超多忙なオーナー経営者でもインタビューに応じてくれているのに、この感度の鈍さが企業の活力にも出てくるのであろう。社長がそれほど忙しいということは能力の問題か、数年したら素晴らしい会社になるかどちらかである。

これを読んでニヤリとされる方も多いと思うが、筆者としては京都やその企業への思いからあえて紹介したようなわけである。

# 京都人になるには四十年

よく江戸っ子三代という。下町のいなせなおじさんたちが東京で生まれただけでは、東京生まれであってまだ江戸っ子ではない、三代続いて初めて江戸っ子でぇ、と啖呵を切っているのを映画やテレビでみたことがあるだろう。その伝でいくと京都の場合は歴史の古さからいって、五代は続かないと根っからの京都人といえないのかもしれない。先祖は一二〇〇年前の平安遷都のときに京都にきて御所の造営に従事したという人がいたが、いま百四十五万京都市民のうち五代も前から京都に住んでいるというのはお公家さんとか商家関係などを除くとそう多くはないだろう。しかしながら現実には京都で生まれたから〝京都人〟だという人がほとんどだろう。京都生まれの初代であっても、私は京都生まれとか、京都人といわせるのは、一種のステータスのようなものを感じるからだろうか。

京都人は保守的だが意外に新しいもの好き、ということを歴史的な事業などを通じて考えてみた。京都で何代というのは別にして、京都人として認知されるには時間がかかる。この点では、みなさんが考えておられるよりずっと保守的かもしれない。オムロン創業者の立石一真といえばオムロンの創業者であるばかりでなく、京都商工会議所や京都経済同友会の主力メンバーでもあった。またチャーチル会のメンバーとして絵画のほうでも知られた京都を代表する経済人であった。熊本県の出身で、熊本工業を卒業後、兵庫県庁、京都の井上電機製作所を経て独立した。昭和四十八年五月二十九日、京都ホテルで開かれた創業四十周年を祝う記念会場で筆者に「これでやっと京都人と認知されました。私のひがみ根性かもしれないが、これまで何かのときに、立石さん貴方はまだ京都人と違うよ、という空気を感じさせられました」と述懐していたのを鮮明に記憶している。立石は四十年で京都人になったということである。

四十年という感慨を込めての発言であったかもしれない。立石一人だけでなく、何人もから同じような思いを聞いた。そのうちの一つを紹介しよう。本社が大阪で、当然京都もサービスエリア、従業員にも京都の人がずいぶん多いという企業である。筆者もよく知っている人で取締役京都支社長をしていたときのこと。彼はいろんな会合に社を代表して出席していたが、二年あまりたって神戸に転勤することになり、会合の場とか各会社へ転勤の挨拶に行くと、あなたが支社長でしたか、と初対面のような感じ。これまで、結構親しそうだったのは上辺だけの見せかけだったのかとびっくりし、京都とはこんなところであったのかと思い知らされましたといっていた。これには後日談があって、神戸に行った際に立ち寄って神戸の様子を尋ねてみると、神戸では当日からやあやあ、ウエルカムと十年来の知り合いのようでしたという。京都は一二〇〇年、神戸は一三〇年でおまけに国際都市だから、それくらいの差はあるだろうと二人で大笑いしたことがよみがえる。あたりは柔らかいのだが、すんなり受け入れてくれない。意地悪のところがまだまだのこっているようだ。自由の国、アメリカでもニューカマーに対してはある種の差別や差別的な発言はあるようだから、一二〇〇年の歴史を持つ京都ではまだしばらくは消え去らないかもしれない。

京都の主要企業のトップをみると、創業者は他府県出身でも創業四十年を過ぎているし、二代目のゼネレーションの経営者は京都生まれが多い。世界を相手に企業の先頭に立って活躍している人達だけに、京都人だとか他府県人だとかいう意識は薄れてきている。また、多忙で意識している暇もないだろう。しかし、京都の人の会話のなかにあの人は京都人らしくない、などの言葉が出てくるところをみると、二十年ほど前の感覚でないにしても、もう少しの間は京都人や他府県出身という言葉が生きつづけるのだろうか。

## 伝統の火を消すな

戦後、京都にベンチャー企業が輩出した。創業した企業数だけなら東京や大阪の方が遥かに多かったが、新しい産業分野を開拓したり、世界の最先端企業と評価される企業にまで発展した〝ベンチャー群〟は京都にしかない。一部では京都の奇跡ともいわれている。ベンチャーといえば京都といわれるほど知られているが、こうした先輩企業に続いて新たなベンチャー企業が京都の、日本の産業界に活力を与えることが期待されている。

第三次ベンチャーブームといわれてから五、六年になる。サラリーマンを対象としたベンチャービジネスへの関心度調査でも六、七〇%がベンチャービジネスに関心を寄せ、独立したいとしている。しかし、具体化となると創業資金がないとか、どうすればよいか分からない、と答えている。関心度と具体化でギャップが大きいわけである。

倒産廃業率が創業率を二ポイント以上も上回る現状からみて、ベンチャー、新規創業が増えてこないことには日本の産業界は活力を失うだろう。新しく企業を創立する人達がドンドン出てきて、成功してくれることが期待されて久しい。支援策として、通産省（現経済産業省）が新事業創出促進法にもとづいて、全国各地に産官学と地域との連携による「起業家学校」を設置し、起業家を育成するシステムをスタートさせようとしている。

その第一号が京都起業家学校である。京都が第一号というのも、ベンチャー企業を輩出したという〝実績〟があるからだ。新しい取り組みだけに期待も大きく、初年度四十名程度の受講生募集に対し、約百六十名の受講申し込みがあった。このうち学生からの申し込みが四分の一もあり、学生起業家が待望されているだけに、事務局としてもうれしい誤算となった。受講者を絞り込んで初年度六十三名でスタートした。講義的なものはこの人数でもよいだろうが、具体的な事業プランなどのディスッカッションになると人数が多すぎるだろう。次年度以降事業プランのレベルなどに応じて、三十人ぐらいの二クラスに分けるなどが考えられる。より成果をあげるため卒業生達によるOB会も検討されている。

いずれ各地で起業家学校が設立されていくだろうが、内容を紹介してみると第一ステージとして、起業家育成段階（アントレプレナー育成プログラム）の基礎講座、ビジネスプラン作成講習、経営＆ＩＴスキルアップ講習（オプション）のコースを受ける。その上でそれぞれのビジネスプランを提出し、ビジネス評価委員会の評価を受ける。この評価を経て、第二ステージのビジネスプラン・ブラッシュアップ段階に進み、個別に経営・技術・専門分野におけるアドバイスや情報提供などの指導を受けることになっている。

カリキュラムの内容は、基礎講座部分がアメリカと日本のアントレプレナー、ベンチャー企業とイノベーション、ベンチャー経営の事例研究、起業の出発点と目的、ベンチャーファイナンス、会社をつくる際の注意点、ベンチャー経営に失敗しないためのマーケティング・マネージメント・資金繰り。ビジネスプラン作成講座では、ビジネスプラン作成に向けた指導・作成実習・プレゼンテーションなど。オプションの経営＆ＩＴスキルアップ講座では、インターネットの概要、電子メール、ホームページ作成に関する基礎知識などとなっている。

しなくてもよい苦労はできるだけ少なく、起業のリスクも少なくすることは賛成だ。また、初年度で受講者の水準が分からないという事情も考慮しよう。しかし、手取り、足取り、ビジネスプランのつくり方その他、あまりにも基礎的、おんぶに抱っこという内容になっているところが気にかかる。また、講師に大学の先生方が多いのも次年度以降の課題ではないだろうか。基礎や理論も必要だろうが、大成功者だけでなく、ベンチャーから中堅、中小企業に発展した経営者に、ベンチャーに取り組む姿勢や目の着けどころなどの実体験を、もう少し多く聞く方がより実践的ではないだろうか。

そうはいっても、京都起業家学校が、役に立たないといっているのではない。ベンチャービジネスに取り組もうという人達なら、どのようなビジネスプランやアイデアを持っているのか、キッチリとアピールできないようでは起業することは難しいだろう。ベンチャーの先輩たちは、こうした支援が何もない環境のなかから起業してきたのだ。この学校がより実践的で起業に結びつくような成果をあげようというなら、相談コーナー的な初歩コースからベンチャービジネスの実戦指導的なコースまで、三コースくらいができなければ成果は上がってこないのではないだろうか。次年度以降の充実に期待したい。ただ、事務局長以下事務局のメンバーが、構成機関の古参事務局員といった顔ぶれでなく、大変若いことは評価したいし、起業家学校の内容もより実践的に変わってくるだろう。

ローマは一日にしてならずである。スタートしたばかりの京都起業家学校である。充実や方向転換をするにしても、時間が必要なことは十分承知している。だが、期待される組織であると同時に、京都にはベンチャーから世界が評価する企業にまで発展した企業・経営者が数多く存在するのだから、直接聞いてこそ身につき、役に立つのではないだろうか。これら経営者は超多忙である。しかし、ベンチャーの後輩たちへの時間なら、少しは割いてくれるはずである。彼らも京都から、日本から新しい企業がドンドン育ってくれることを期待しているのだ。

また、新事業創出支援法にもとづく京都市地域プラットフォームも確立されている。地域プラットフォームは、財団法人京都高度技術研究所を総合窓口に、財団法人京都産業情報センター、財団法人京都産業技術振興財団、財団法人大学コンソーシアム京都、社団法人発明協会京都支部、雇用・能力開発機構京都センター、京都ソフトアプリケーション、京都産業振興センター、京都リサーチパーク、京都商工会議所、社団法人京都工業会、財団法人京都市小規模事業金融公社の十二機関が、起業家予備軍、創業者、ベンチャー・中小企業に対して、育成や研究開発から事業化までを支援する。

起業家の動機づけ、事業評価、技術開発支援、研究成果のベンチャー企業などへの技術移転、ベンチャー企業創業支援、資金供給、経営指導、販路開拓、技術・人材・市場の情報提供とマッチング、企業間交流、人材育成など企業経営に関する支援を、それぞれの専門機関が各段階に応じて行なうことになっている。

# 第二章　ベンチャーの先輩もこんな時があった

# 最適化社会へ向けての経営を

## オムロン

代表取締役
社　長　立石　義雄

**◆ベンチャーを志す人達に◆**

高い文化とか学術というのは、ソフトウエアであったり、デザインであったりします。これを新しいビジネスを生みだす要素にしていくことが大切です。ベンチャー的な取り組みで失敗した人をチャレンジャーとして評価し、社会的に受け入れる空気を形成していかなければいけないでしょう。

オムロンの立石義雄社長は、自社の経営手腕のほか、関係諸団体での主要役職者としての見識や活動でも、バランスのとれた経済人と高く評価されている。

社長としては三代目だが「創業者立石一真が社長、長兄の孝雄（会長・故人）が副社長のときに、二人から経営者というものを教えられたと考えているので、二人が創業者のように思える。そういう意味では〝二代目〟という位置づけになるのかなあという思いを持ちながら、継承するものは継承しつつ、私の代で変化させるものは変化させていきますが、簡単じゃあないですね」という。

《子をみるは親にしかず》というが、創業者の立石一真(故人)のみる目は確かだった。また、次代のオムロンを託す後継者として的確な経営者教育をし、義雄もその期待に応え、経営者として評価を得ている姿をみると、まさに親子鷹といえよう。筆者も若い記者のころや支局長時代に親しく接する機会を得たが、それぞれ素晴らしいところがあった。特に一真は技術者、経営者として素晴らしいセンスを持っていた。

すでに会長だった昭和五十八年の「大企業病」という発言が立石電機(現オムロン)と経営者立石一真を一躍有名にした。創業者経営者であり、新しい経営手法を取り入れたり、生み出したりするユニークな経営者として産業界ではつとに知られていたが、「大企業病」発言は大反響を呼び、流行語ともなった。経営は順調だが、レスポンスや取り組みの遅れを感じての発言であった。

アメリカでオートメーションという生産方式が取られていることを聞き、実際に視察団に参加してフォードの工場をみて、時代の到来を確信して自社製品をオートメーション向けに変えていった。情報を知り視察をしたのは一人ではなかったが、他の経営者はこうした取り組みをしなかった。そこには鋭敏な感度と難度の高いものに挑戦する『永遠なれベンチャー精神』という著書が示すチャレンジャー精神があった。また、金融機関の自動預金支払機や自動券売機、自動改札機なども海外視察からの産物であったし、さらに高度化したものをつくり出した。医療用システムや家庭用健康機器のルーツにあたるのだろうか、〝肝臓診断装置〟を自らためして「昨夜呑みすぎましたね」と笑っていたことを思い出す。

同社はいまや世界のオムロンである。また、独自に開発した未来予測理論で、二十一世紀には「最適化社会」が到来するとの予測のもと、着々と事業として対応を進めている。近未来の主力事業分野をMEB（マイクロエレクトロニクス）、CSB（コミュニティサービス）とHRB（ヒューマンルネッサンス）の三事業分野に位置づけている。

立石は「もともとMEBが創業以来の事業で、当社の成長の根幹をなしている事業です。CSBは、十年前から事業化を始め、やっと事業として採算の取れるところまできました。HRB事業は、二十一世紀の、新しい社会に対応した事業です。まだ将来の成長の芽をつくっておこう、種をまいておこうという段階でしてね。五、六年はそういう段階だと考えています」というが、継続した発展のための長期目標は定まっている。

そして「私どもの企業哲学に『機械にできることは機械に任せて、人間はより創造的な分野に、活動を楽しむべきだ』があり、この哲学に基づいて事業を展開してきました。これはME分野そのものです。人間はより創造的にというのがCSBとかHRBの位置づけになります。企業哲学を両面から実現していくという意図を持っています。創業者の残していった理念、精神の一つが企業の公器性。もう一つは新しいものに常にチャレンジする精神、この二つを残してくれています。そして私が後継者として時代の変化に合わせながら事業を展開していく」そんなスタンスで考えている。

### 先駆けてチャレンジを

創業者の立石一真は世の中にないもの、必要なものを実現していく。そして社会のニーズを誰よりも早く、先んじて技術でもって実現していくことが社会貢献になる、と考え実践してきた人だった。「事業を通じて実践する、この思いが強いものですから、CSやHRにしても、先駆けてチャレンジしていく。ひとの物真似でなく、後追いでなく常にチャレンジしていくことが結果的に社会のニーズを満たしていき、ひいてはそれが社会貢献につながると語っていましたので、それを継承して、発展させていこうという考えに立って、経営しています。どうしても大企業になってくるとチャレンジ精神、ベンチャー精神が薄れてくるものですから、もう一度中小企業、小企業の持つベンチャー精神とかスピードと、大企業が持つリソースをうまく組み合わせて経営構造を改革しようということで、昨年からカンパニー制を取りました」と第二の大企業病防止にも怠りない。五つのカンパニーによって、もう一度それぞれにチャレンジ精神、ベンチャー精神を発揮することを狙っている。

ベンチャーブーム、ベンチャービジネスに対しては、「高い文化とか学術というのはソフトウエアであったり、デザインであったりするんですね。これを新しいビジネスを生み出す要素にしていくことが大切です。知識とか知恵が次の経営資源といわれていますが、そのものがソフトウエアであったりデザインであったりということですから。可能性は十分持っていると思いますが、いまは起業家を育てる仕組みというものがもう少し整備されないと、という思いがあります。京都人というのは事業を大きくしていくというより長く続けるほうです。それは家訓とか社訓にもとづいておられるんですが、そこにマーケティングやノウハウを生かしていくことによって大きく事業は成長していくでしょう。元来、京都には伝統産業なり、モノづくりの土壌がありますが、それは成長させるというより、継続させるという経営哲学とか理念があります。戦後の高成長企業のほとんどが、京都人以外の人が京都のモノづくりの強みやよさにプラスして、マーケティングやマーケティング思想を導入して国内、グローバルに成長していったんですね。京都でベンチャーを起こすには、もう一度人材を持ち込んでくるくらいのことをやらないと大きく育つ企業が輩出できるかどうか疑問です」とマクロでは考えている。

しかし、これからベンチャーを志す人達には「大企業より自己規制とか自己成長、自分にいちばんあった仕事を選択していける社会の仕組みができつつありますし、価値観もそういう方向に軸足が向いてきています。失敗は成功の母といいますね。だから失敗した人をむしろチャレンジャーとして評価するという社会的な受け入れの仕組みだとか、空気を形成していかなければいけないでしょう。当社も大阪にとどまっていたら、おそらく家電三社の下請けにとどまっていたでしょう。戦災を避けて京都へ来たんですが、京都には大きな取引先がなくて自ら開拓していったんです。一真の『京都に来たから今日があるんだ』といっていたのが耳に残っています」。

オムロンの未来については、「時代、時代の社会に貢献する企業、哲学を取り入れて公器性を持ちつづけることです。事業を通じて貢献していく、得た利益を社会に還元して社会貢献する。みんなで汗をかいて地域に貢献する。儲けるだけでなく、その後ろにある社会にも役立つし、人にも役立つ企業でありつづけたいですね。松の木は七割が地中にあって三割が地上にあるという姿がいちばん安定感があって美しいといいます」。

オムロンは創業者の立石一真生誕百年を記念して、同志社大学が二〇〇三年に開講を予定している「同志社ビジネススクール」の付属組織、「同志社ビジネススクール・オムロン・インスティチュート」に対して約六億円を寄贈した。寄贈理由は、オムロン・インスティチュートは次世代経営と技術研究を通じて新しい企業像の追求を行なう機関で、ベンチャー起業家の育成に貢献し、産学連携の面でも一層強化することが可能なこと。立石一真が発案し、現在も経営の根幹に継承されているＳＩＮＩＣ理論と設立構想が一致している点である。日本に、京都に、ハーバードビジネススクールの設置を望む声があるだけに、こうした記念寄付行為は故人の精神を生かすとともに、企業の公器性や社会貢献を具現したものとして評価される。

# 日本を代表する経済人に

京セラ
名誉会長
稲盛　和夫

京セラの稲盛和夫名誉会長は、戦後のベンチャーとしてはもっとも成功した人だろう。京セラを世界の京セラに育て上げ、通信自由化に伴い第二電電の設立（現在は国際電電との合併でＫＤＤＩ）と通話料金の引き下げを実現して、規制緩和のメリットを国民に知らしめるなど我が国を代表する大経営者である。また、京セラ「京都賞」の創設者としても知られており、〝平成の松下幸之助〟と呼ばれることもある。

しかし、稲盛が素晴らしいところは、ベンチャーからの成功者としてだけではない。平成八

**◆ベンチャーを志す人達に◆**

ベンチャーを志す人達は独創的な人が多いが、同時に大胆さより緻密さを持ち合わせている人のほうが成功の確率が高いと思います。さらに、事業目的を明確にし、目標を定める必要があるでしょう。ベンチャーは上場した時がスタートとなります。

年には純民間ベースで日米の相互理解を深めるために政財界や学者などをメンバーとする「日米二十一世紀委員会」を発足させた。他にも日米関係の円滑化のため知日派の学者などとも交流を深めるなどの努力をしている。これらは、一般の人達にはあまり知られていないが、もっと評価されるべきことだといえよう。

カリスマ性のある人とは稲盛のような人のことをいうのだろう。最近は超多忙、分刻みのスケジュールでそういう機会はないが、十五分単独で会えば稲盛ファンになってしまう。若いときから指導力、引きつけるものは持っていたが、広く優秀さ、人柄を知られていたわけではない。鹿児島大学工学部を卒業した年は朝鮮戦争後の不況期で就職難時代。たまたま京都の碍子メーカーの松風工業に就職した。この松風工業で技術者としてのスタートを切った。研究開発で実績を上げリーダー的存在となっていたが、理解が得られず自分の開発した技術でチャレンジすることを決意して退社した。

松風工業は歴史と技術力のある企業だったが、戦後、軍需品からの転換の遅れなどにより昭和四十年に清算会社（関連企業は現在も健在）となった。年功序列がふつうで若い人の実力を認めるという時代ではなかったが、稲盛の開発したフォルステライト磁器とその将来性を正しく評価できていたら、年齢に関係なく部長級の待遇にでもしておれば辞めなかったかもしれなかった。そうだとすると稲盛の、また、松風工業の歴史も変わっていたかもしれない。〝人に歴史あり〝だが、ベンチャーからの成功者には誰でも、もしあの時という転機と支援者などとの出会いがある。

一般には稲盛が創業者と理解されているだろうが、社長としては三代目である。いまならエンジェルというのだろうが、独立のときに工場や資金面などで協力してくれた人達がいた。京都セラミック（現京セラ）の創立は昭和三十四年四月。初代社長は京都の重電メーカーの創業者で京都電機業界の重鎮であった宮木電機製作所の宮木男也社長（故人）であった。

筆者が駆け出しのころ宮木電機と京都セラミックの取材の際に、宮木が「京セラは稲盛君が実質創業者なのだが、京都で二十代の創業者ではなかなか受け入れられないので、私がしばらく名前だけの社長になっているのだ」と説明してくれたことを記憶している。稲盛は設立時は取締役技術部長だった。その後、専務を経て昭和四十一年に社長となった。当時、稲盛を慕って新会社についてきた若い人達は「七人の侍」とも呼ばれていた。このような経緯で発足したベンチャー企業が努力を重ねて、中小企業、上場企業と発展して現在の世界の京セラにまで大発展したのだ。

昭和四十六年に大阪証券取引所第二部と京都証券取引所に上場したときに、名神高速道路沿いの蒲生工場のグランドでキャンプファイアを囲み、従業員と上場を祝った。かなりの株価がついた。「よかったな。しかし、みんなでもっと値打ちのあるものにしような」と誓い合ったということを聞いて、上場で有頂天になる経営者との違いを感じた。筆者は十七年前、京都支局長時代に親しく接する機会を得たが、このときの思いは裏切られることはなかった。上場の頃の心境は、関西プレスクラブでの月例講演でも「株式上場のころになると証券会社はもとより世間もチヤホヤしてくれるようになったが、有頂天になって消えていった人も多かった。鹿児島から出てきてベンチャーでやりだした自分が何故ここまでこれたのか、奢ってはいけないといい聞かした。同時に、芝居でも主役もいれば、脇役や裏方さんもいる。たまたま主役をやれといわれているだけで、主役から裏方さんまで気持ちが一つにならないといい芝居にならないと思い至り、つねに気をつけながらここまできました」と述懐していたが、本心だろう。

稲盛は約束は守る人だ。超過密のスケジュールで京都にも月に二、三日しか帰ってこれないのに、京都商工会議所会頭として京都経済振興のために奔走している。ノーベル賞に匹敵する京セラ京都賞にしても、京都のためにと京都賞にしたのだ。京セラ稲盛賞のほうが京セラには直接的だ。わが社もスケールは違っても京都賞を考えていたがもう使えない、といっていた人があったが、それなら先に賞を設けたらよかったのだ。また、格別のサッカーファンでもないのに京都パープルサンガの経営を引き受けたのも、京都のためにということだった。批判的な人が一度でもグランドへ行き応援をしたかということだ。

## 動機善なりや、私心なかりしか

稲盛はよく「動機善なりや、私心なかりしか」という言葉を使う。得度したからではない。経営者として良く考え、高僧などとも交わり、釈迦の教えに引かれ、理解していったからである。だから、第二電電を興すときにも「動機善なりや、私心なかりしか」と自分に問いかけながら果敢に挑戦したのだ。企業が大きくなり、社会的にも認められるにつれ、経営者としても、また人物的にも大きくなり、さらに企業は大きくなっていった。また、人間を考え、日本を考えるように大きくなっていったのだ。

ベンチャーに対しても、創業率より廃業率のほうが二ポイントも上回る現状を憂慮しており「新しいベンチャーが出てくるためには社会的インフラの整備がいちばん大事なこと。経営者や起業家が尊敬されるような社会にならなければいけない。一方、成功者は社会貢献などにもっと目を向けなければいけないと思う」と起業人への社会的評価がベンチャー続出の土壌をつくるとしている。同時に、ベンチャーとして成功する人は「独創的である一方、大胆でなく計画も、人間的にも緻密でないといけない。細心で緻密な人の成功する確率が高いと思います。また、多くの人の賛同を得られるような目的を明確に打ち出せるかどうか。経営計画、事業計画の目標を立て、それに邁進できる人でなければベンチャーに挑戦する資格はないと思います」という。簡単なようで実行するとなると厳しい言葉だが、ベンチャーの憧れの人の言である。

さらに、ネットベンチャーについて、記者会見などでも「プランだけのような実態で株式を公開して大きな資金を集めて、どう経営し、発展させていくのか」と最近の傾向を疑問視する発言を行なっている。「ベンチャーの後輩に対しても、無茶をしてはいけないよ」との注意も忘れない。そして、ベンチャーの人達には「上場してから本当のベンチャーが始まるのであってゴールではありません。上場後、どれだけ会社を伸ばしていくかが、株主への恩返し、責任であります。それができない人はベンチャーを始める資格はありません」とも語る。

同時に、ベンチャーキャピタルにも「赤字経営でもベンチャーで上場して、資金を集めビジネスを発展していけるという方向は正しいと思いますが、上場基準が甘いと株式を買うのは一般の投資家ですから迷惑をかけるかもしれない。アメリカのベンチャーキャピタルは企画書だけでシーズマネーは出してくれますが、その後の資金については厳しく事業の進捗などを追及してきます。ずさんな計画であればわずかでも資金は出しません」とナスダックやマザーズなどの創設で、資金調達が容易になり起業し易くなった反面、挑戦する人が安易な考えに流れないか、事業を甘く見るようなことにならないか、ということを心配しているのだ。

ナスダック、マザーズやその他のベンチャーキャピタルにしても、ある面で揺籃期である。審査機能と事業経過のチェック強化などがあれば〝真〟のベンチャーキャピタルが出現するのだろう。これが、稲盛の「教育的役割を担うベンチャーキャピタル」なのだろう。また、ベンチャーは真摯な経営で稲盛ら先輩たちの期待に応えて、わが国の経済活性化に大きな力となってくるだろう。

スケジュールを聞くと本当に分刻みとなっている。懸案のＫＤＤＩもスタートした。もう少しスケジュールに余裕をもたせて、このところ停滞気味の規制緩和の推進など〝オールジャパン〟の課題にも取り組んでほしい。稲盛の著書『新しい日本新しい経営』とサブタイトルの世界と共生する視座をもとめて、活躍してほしいものだ。

# 人材中心の経営を継続して

## 三洋化成工業

代表取締役社長　筧　哲男

**◆ベンチャーを志す人達に◆**

わが社では個人を対象に新技術や新製品､新市場を開拓する「ビジネスクリエート・パーソナルチャレンジ制度」というのを設けています。認められると一定期間実務を離れて、チャレンジするシステムです。さらに､独立してやるなら応援するといっているんですが、まだ出てこない。サラリーマンになっているから踏み切れないのでしょう。

三洋化成工業は、京都を代表する化学会社の地位を磐石にしている。前史はあったが、同社が三洋油脂工業として設立されたのは昭和二十四年だった。戦後派企業といってよいだろう。一般に知られるようになったのは、昭和四十年代に始まった分社化経営で注目されてからである。設立以来、歴代の経営者が技術と人材育成を重視し、いろんな手法で内容のあるユニークな企業に育て上げてきたからである。

技術開発、人材育成や内容のある企業を育て上げるには時間がかかる。逆に名門からの転落は、ひとりの社長の怠慢経営で十分である。

三洋化成工業の筧哲男社長は「いま化学業界で注目してもらっているようですが、こんなものは目ではない。こんなことといっていたってどうにもならない。とてつもない危機がくると一番いいんです。大失敗して赤字になって……さあ大変というのがあると結構奮い立つ。そんなことになりそうにない状況なので、どうやって全体の水準を高めつづけるかが一番の課題」と継続とさらなる飛躍へ手綱をゆるめない。

「従ってそういう教育をどのレベルにどうやるか、自分も忙しいですが、世代、世代に分けながら社員を集めて話をしてみたい。そのひとつが八月からスタートしました。若い連中と話がしたいということで入社五年以内を集めましてＮＨＫのプロジェクトＸの技術開発に絡んだのを選んだんです。これで感想を述べ合いながら、これからの会社や技術開発をどうすればよいか話し合ってるんです。Ｋサロン（筧経営サロン）でやるがどうかと聞いたら、七十人が集まりましたので、七人ずつ十回に分けて一杯呑みながらやっています。若い人達が何を考えているか知りたいし、こっちは過去の経験から若い人達にやってほしいことを〝遺言〟として残しておきたい」からの企画である。

社長との話し合いというのは、ことさらに目新しいものではない。しかし、人中心型の経営を継続して進めてきたなかで、歴代社長も形は違っても人材育成に力を入れてきただけに定着したものがある。

## チャレンジと〝考動〟で

筧の経営スタイルはアメリカ型と日本型をミックスしたトップダウン型経営スタイル、だといわれている。このあたりは若いころの留学や豊富な海外企業との折衝経験も影響しているのかもしれない。ともかく積極的でチャレンジ精神に満ちている。自主性とチャレンジ、〝考動〟する会社を基本にユニークな優良企業へ舵を取っている。

「考動する会社の実現は、やっぱり人ですよ。我々の場合、研究開発が大事ですので、いかに技術開発、研究開発に興味のある若い人達を全国から集めてくるか、集まった人達にどうやって思い切って仕事をさせるかがポイント。それがうまく動いて、新しいものがお客さんに取り入れられて、そういう人達の層はかなり厚くなっています。せっかく集めた人材をどうやって腐らせないで育てようかということが重要。ぼくらの仕事はそれですから。育ち方は見られないが、ここで布石を打っておけば……。七十人おれば十人育ったなぁ、というのが出てくれば十分」という。ユニークな優良企業ということで多彩な人材が集まってきている。

三洋化成には、経営や人材育成のユニークな仕組みが幾つもあるが、そのひとつに昭和五十八年に創設された近未来会議がある。近未来からの視点で進むべき道筋を議論しようというもの。この会議のなかから近未来道場、未来道場、遠未来道場といった人材育成の場や分社群の拡大など経営、組織、人材教育など多方面に渡る改革が行なわれてきた。道場というのはサロンという形の人材育成のシステム。

「近未来は役付役員が課長を、未来派役員が主任クラスを、遠未来は部長が若手と、会社が終わってからフリートークで会社のことや自分の哲学などを話し合う会なんです。一年間会社から予算をもらってね。地域別に幾つかの道場ができています。各道場には道場主の名前が付けられるんです。私なら筧道場というように」という具合でたくさんの道場ができてきた。いまや伝統の継承、人材育成に大きな力となっている。

当然、筧も役員のときから道場主として道場を運営、指導してきた。「五人から八人のグループだと一回話をすると性格も分かるし、活躍の場なども分かって人事などにも多少役立つこともある。京都に行ってみようかというようなことで集まってきた並の技術屋が集まっているだけ。人員的にも皆が精一杯頭を使って働こうというわけ。私は今後Kサロンで自由に語り合っていこうと思ってます」というような形でも人材教育が行なわれている。

同社は、分社とか開発などに取り組むチャレンジ契約とか、ベンチャー的機運が高いのが特徴で、分社経営で有名になった。昭和五十五年に第一号の接着剤分社が設立されて以来、周辺事業分野の独立という形で増えつづけた。現在は十一社になっている。「うまく育てれば育ちそうだとみんなが思っていても、目先の仕事を優先して手抜きになる。そういうのを切り離して別動隊でやらせるのがひとつ。責任者をおいて任せると、人材の育成にもなる。分社は売り上げが二十億円から五億円くらいのまで合計で百億円程度。赤字でも少しずつ進歩しており、先がみえてくるとよろしい。二十億円くらいの規模で、競合メーカーもあまり参入してこない、ユーザーと密かに取り組んでやっているのが意外にうまく行きます。五十億円単位のものは技術水準からして儲からない。あと数社これは、というのがありますからうまく育てたい」という。

また、自己申告方式によるチャレンジシステムをさらに前進させたものに、平成五年にはじまったビジネスクリエート・パーソナルチャレンジというのがある。個人を対象に新技術や新製品、新市場を開拓する制度で、認められると一定期間実務を離れて新ビジネス開拓にチャレンジする。見通しがたつと責任者になって事業化に取り組むシステム。最近は定年者にベンチャーとして任せるという制度を取るところも出てきている。

同社でも「やらせてくれといっていたのがまだ赤字。環境がらみの面白いものなんですが。独立してやるなら会社は応援するといったんですが、そこまで踏み切れないと断られちゃった」というケースもある。分社でも苦労があるのに独立してやるとなるとそこまで踏み切れないようだ。

「会社のなかでやっているとは独立だといっても制約がありますから、離れてやったらと思うんですが、サラリーマンになっているからそこまで踏み切れないんでしょうね。成功例がないからで成功者が出てくれれば状況も変わるでしょう」とみている。チャレンジ精神が旺盛な企業だけに社内ベンチャーから完全に独立したベンチャーになる人の出現も遠いことではないだろう。

話題を生み、同社を一躍有名にした高吸水性樹脂の分社は、百億円単位に成長した。「分社としては大きくなりすぎたので本社に吸収した。分社も最初のころと比べると意味が変わってきました。ひとつの事業部門になるようなのは出てこないが、まあ二十億円くらいのが十社のほうがよい。どこでもやりだすとむちゃくちゃになる」と自社の企業から、特性を把握している。

また、時代が大きく変化していることをきっちり認識している。国際化については「ユーザーさんが外へ出ていかれますから、付いていけるようにしなければいけない。日本は人件費が高いですから不利。付加価値の高いものしかできない。きれいごとをいってもどうにもならない。サラリーに見合う仕事をしてちょうだいということ。そうでないと生き残れない。開発は日本で、でも日本で設備を増やしたら動けない」と柔軟に考えている。

筧もインターネットを使いこなしているが、化学製品なのにホームページを開設した。「みてくれないだろうから雑誌などに広告したほうがよいだろうし、一般に反響があってもダメだから、という意見が多かった。ホームページをみてくれても、それだけでは誰がみてくれたか分からない。どうなるかチャレンジでやってみたら反響がありましてね。やったおかげでお客さんが付きました。うまく世界に売るのならコンセプトをハッキリさせること。そうすれば商品の分野は関係なくなってきている」。

化学製品の販売方法も変わってくるのかもしれない。国際化への対応をリードしてきたのは筧であり、海外投資を含め国際化の進展や第二創業（創造的労働集約企業化）の推進のリーダーとして筧時代の仕上げの時期にはいってきたようだ。

# 〝変わる島津〟を発信する

島津製作所
代表取締役社長　矢嶋　英敏

京都近代工業のルーツともいえる島津製作所は、平成十二年、創業百二十五年を迎え、「創業新世紀」と名付けてビジネスの新しいドラマをスタートさせようとしている。矢嶋英敏社長は「これまで培ってきた光技術・X線技術が増処理技術という三つのコア技術のもと、バイオ・環境・医療の分野を基幹三事業として強調していきます」と今後の方向を語る。

対外的に当社は変わります、社内にはチェンジ、とアピールするところは多いが、インパクトはいまひとつというケースが多い。矢嶋が社長に就任したのは平成十年。この時長い歴史を

◆ベンチャーを志す人達に◆

ベンチャーにもエジソンとかビル・ゲイツのような天才か天才に近い人もいますが、一般的には富士山でいったら五、六合目の水準のものに取り組んでいる、といえます。システムとかハード、ソフトにしてもある程度そういうものが多いのではないでしょうか。マイクロソフトが育つ一方で百社がつぶれているといわれていますが事実だと思います。

持つ同社で初めての途中入社という経歴の社長が誕生した。社長になったとき、京都の企業がある製造装置を発注してくれたことがあるということを聞いて、その企業に社長就任の挨拶に出向いた。これまでは取引先の方から島津に挨拶に来ることはあっても島津からというのは初めてであろう。この人事、このエピソードだけで内外に「島津は変わる」ということを効果的に発信したのだ。

矢嶋の経歴をみるとチャレンジャーだと理解できよう。慶応義塾大学を卒業後、国産初の民間旅客機ＹＳ11の製造会社の日本航空機製に入社。ＹＳ11を世界中に売りまくった敏腕セールスマンであった。その後ＹＳ11が生産を中止したころ、航空機関係の実績あるセールスマンとしてスカウトされた。「アメリカ・ボーイング社がボーイング767の開発の初期の段階だった。島津には、航空機部品を売り込みたいという考えがあり、航空機業界に矢嶋というのがいるということで声をかけてもらって、ボーイング輸出専門課長として入社したんです。当時は珍しかったですね」と振り返る。途中入社といってももう二十三年。島津での歴史のほうが長くなった。

このチャレンジャー矢嶋がベンチャービジネスに挑戦する人達に「ベンチャーは天才か天才に近いエジソンとかビル・ゲイツなどはそれなりに素晴らしい。他人にはできないでしょう。一般的にベンチャーというのは富士山でいったら五、六合目のものができている。システムとかハード、ソフトにしてもある程度そういうものが多いのではないでしょうか。厳しい言い方かもしれないが、ベンチャーを頼りにしすぎてもいけない。大会社よりベンチャーが優れているというようなことはあり得ない。マイクロソフトが育つ裏には百社がつぶれているといわれていますが、ある意味で事実だと思います」と現実を見つめる。

同時に、ベンチャーだけでなく社内に対しても「やると思ったことはやり遂げよう。初志貫徹。人間関係を大事に信用第一を忘れないように。考えたけれど理由があってできなかったというエスケープはいちばんいけない」を強調している。

同社も資金二十億円で社内ベンチャー制度をつくっているがまだ実現していない。「アイデアとしては斬新なものもありますが、インキュベーションとフィジビリティスタディの段階。自由に発想させるのは非常に重要だし、ある程度資金も付けてあげないと。フリーでやらしている部分は辛抱強く待たなければいけません」と具体化してくるのを待っている。

また、分社については「当然考えていきます。ある程度事業的に軌道に乗せる必要がありますから、検証した上で進めていきます。関係会社は三十社ほどあるんですが、上場した会社が一社もないんです。まず、上場していくことを考えねばと思います。戦前は日本電池、大日本塗料、日本輸送機を分社しましたが、それぞれ一部上場企業になっていますからね」ということで関係会社の成長が待たれる。

変わるというメッセージは発信できたが、どう変わっていくのか。外の意見も聞いてみようということで、コンサルタント会社を使って平成十二年四月にフォーメーションをつくってキックオフした。

「創業百二十五年。二十五の倍数というのは世界的には重要な節目なんです。いま何をしていくのか四年位前から考えていました。専務のときに今後の方向性を詰めようということで新事業推進室をつくったんです。新市場とそこに投入する製品の性能とか、システム、ソフトウエアはどうするんだとか、従来よりかなり突っ込んで詰めてきたんです。既存の事業だとか管理部門だとかヒアリングとディスカッションで決めていったんで、かなり事業別の色彩が濃くでたんですね。そのためいま流行の経営診断などに使われる投下資本に対するアウトプットとかを考えるときの共通指標ができなかった。また、二〇〇二年に二千五百億円くらいの会社にしようじゃないかというビジョンを掲げていましたが、景気などもあってそうもいかないので、なおさら事業を定量的に決めていく方法を統一することにしたんです」というのが背景にあった。

こうして医用、試験機、分析、航空機関係だろうと同じポートフォリオで事業の方向性を定めていこうという経営基盤がつくられた。「そこに至る思いみたいなものは、島津という歴史の古い、ある意味で京都の中核的な、ベンチャーから出た会社であるんですが、この直近の十年位売上げが大きく伸びていない。そうなると一部上場の精密のトップ企業として認められるには二千億円を超えるような売上げにしていかなければ世間様に申しわけないじゃないか。株主に対するアカウンタビリィティーというか責任を問う世の中になってきましたから、ビジョンでは二千五百億円といっていますが、二千億円は超える会社にしなければいけないという思いが強いんです」と当面売上高二千億円オーバーを目指して努力中。

## 保有技術の融合化を推進

ビジョン達成の裏づけとしては「我々がやってきた分析機器だとか試験機だとか医療機器などの市場はかなり成熟市場なんですね。揺籃期の市場はどういうものがあるか。何でもやれというのならいくらでもあるわけですが、保有している技術だとか生産能力など保有資源の延長線上で考えられる市場はどういう市場があるか見定めて取り組みつつあるんです」とこれまで培ってきた経営資源の活用で新分野進出を図ろうとしている。

一例をあげると半導体とか液晶なら製造装置でなく検査装置とかコンポーネント。バイオなら質量分析計とか蛋白の分析など分析技術が活用できる。オーストラリアのバイオ関連企業などと技術提携して幅を広げている。

技術、業務提携して事業の幅を広げることは簡単にはいかない。矢嶋も「松下幸之助さんが仰るように技術は買えばよいというのは、ドラスティックにでるんですが、よく読んでみますと技術を買ったんではなくて合弁会社を設立して互いの技術を交換しあったんですね。基本になる基盤技術だとか販売力があってこそ、その延長線上で新市場が開拓できるんです」と認識している。

同社は歴史的に〝技術の島津〟として知られており、優秀な技術者も数多い。筆者もこれまでの経営者に何度か島津は人材の無駄づかいをしている、事業部の壁を越えた技術交流だとか、新しいプロジェクトに自ら参加していくような積極的な人材の育成が必要だ、といったことがある。

矢嶋もそのことは十分承知で「航空機の技術と分析の技術は全く異なり、一緒にしてもお互いに出す知恵がありません。分析の技術をバイオとか環境や試験機に持っていくことは可能なんです。そういう意味でいま事業部長連絡会というのを月一回開いています。座長になって全事業部長と管理部門の責任者を集めてディスカッションしていますし、開発会議なんかも全事業部長と技術系の管理本部長を集めてやっているんです。新しい開発プロジェクトを、こういう角度で取り組もう、とかいろいろ話題が出てきますので相乗効果はあります」という。

広い意味で事業の半分は分析関係。例えば「液晶関係なら関連する三つの事業部を担当役員に任せて、液晶のビジネスを効果的に発展させることはできる。異業種間の技術の交流はかなりオープンになってきており、現実にバイオ関係とか非破壊検査機器などに生かされ結構伸びてきています。方向性を示せば……」と確かな手応えを感じている。

バイオなどは「受託分析までやったらどうかというのでジェラミックリサーチという部屋をつくったり、そういうマネージメントの考え方できています。液晶の検査装置というのもなかった製品ですが、液晶メーカーと手を組んでやっています。半導体もいまは装置でなくコンポーネントに特化していますが伸びています」という。

外から変わったと感じられるようになるにはまだ時間がかかるだろうが、変わりつつある。ベンチャーや分社化も具体化するだろう。これまでハイテク京都産業界をリードしてきた。また同社をスピンオフしてベンチャーを興した人も多い。チャレンジあるのみだ。「日本はモノづくりを中心に考えるべきです。そこには島津がやるべき領域がたくさん存在しています」という。本社事務所に入るとＢＩＧＩＮというポスターが目につくが、これも社長の提案だ。二十一世紀に向けて矢嶋を中心に新しい島津が始まったといえよう。

# 先見性で主力分野が変化

## 大日本スクリーン製造

代表取締役社長　石田　明

　大日本スクリーン製造の石田明社長は、設立三代目の社長。ルーツは明治初年の石田旭山印刷所まで遡る。今日の同社をつくり上げたのは先代の石田徳次郎（会長・故人）である。

　戦後、京都では数台目というスクーターを購入。荷台に製品や部品を積んで取引先へと走り回る一方、写真製版機器の総合メーカーへの脱皮を目指して挑戦していった。昭和二十二年、新しい時代は若い元気な力で未来を築こうと社長に就任したのは二十九歳であった。社長といっても従業員は二十名ほどであった。その中小企業が、いま売上高二千億円を超え、従業員三千

**◆ベンチャーを志す人達に◆**

　日本版のアメリカンドリームがまだできていませんね。アメリカのベンチャー経営者は当初から投資家、株主にどうあるべきかを考えています。自分の専門外のところはプロを集めてくるのだ、といっていました。大きな夢を実現して果実を得るというのがベンチャーの条件でしょう。

人、世界十四カ国にグループ、拠点をもつ企業に成長した。

筆者は駆け出し記者のころ戦後の苦労話を聞いたが、そのひとつがスクーターの話で、荷台の箱で服の背中が擦り切れたとのことだった。こうした苦労を重ね、実質的にはベンチャーから写真製版機器の世界的な企業へと発展させていった、中興の祖といえる。徳次郎は経済団体への積極的な参加などを求められたが、技術を重視しており、財団法人京都発明協会会長など技術系の団体の役職を引き受けるにとどまった技術屋であった。

現社長の石田明はベンチャーでも、創業者でもないが、歴史的には親会社になる石田旭山印刷（現写真科学）に出向していた時期に「印刷関係の拡大は大日本スクリーンのユーザーとの競合になりますので脱・印刷しかありません。保有技術を生かしてということで、建装材への進出とプリント配線板の二つの社内ベンチャーを立ち上げるなど、ベンチャー的経験をしました。いまでもそのころを思いだすことがあります」と大日本スクリーンだけの生活では体験できない十年間を過ごしたことは、その後の経営に貴重であった。「人生で燃えるときが何度かあるでしょう。経営的決断などすごく勉強になったし、このときは燃えました。ベンチャースピリットを刺激されました」と語る。

## 次世代の〝柱〟育成に

いま同社はある面で転換期にきている。それはグラフィックアーツ（画像処理装置）部門が二五％、半導体・液晶部門約六〇％、シャドウマスク（電子部品）約一五％という比率になっている。画像処理機器の世界的メーカーの看板が変わりかけているともいえるが、印刷関連業界とＩＴ関連分野の成長のカーブや業界の成熟度やフィールドの広さなどもある。半導体・液晶部門はＩＴ関連ということで超多忙を究めているが、グラフィックアーツ部門も不振なのではない。石田によると「三、四年前にワンセット三億円していたシステムが産業用パソコンの価格低下、スピード化、パワーアップなどライトサイジング（軽量化）で五、六千万円に低下したことが大きい」のだ。半導体・液晶部門の伸びを中心に単独通期で二千二百億円と最高の売上げを見込んでいる。

ＩＴ関連もいまは多忙だが、いずれ周期的な需要の波もある。ＩＴ関連業種も成熟のときを迎える。現状に安住することなく、そうしたことも視野に入れて専門化による刺激や活力の持続も怠りない。そのひとつが同社の発展の大きな要素ともなったカラーテレビブラウン管のシャドウマスクの生産を子会社に移管するなど、分社化を促進していく意向である。

今後、既存事業部の仕事であってもそれぞれの業界のソリューション、文化が異なり、分社化したほうが効率的なものについては、カンパニー制とか分社化を積極的に進めていく。例えば、社長が交渉にあたる商談の規模と、分社でその業界、マーケットや技術に精通した人が引っ張っていったほうが適している業界、機種については「分社にしてさらにベンチャースピリットを育んでいくと同時に人材の活性化につなげていく」意向である。こうした考え方に立って「全般的に見直しをすすめ、アウトソーシングしていたものを内製化するとか、その逆を行なうなど柔軟に対応していく」方針である。すでに具体化したものもある。同社とTOWA、堀場製作所の京都の上場企業三社で、半導体製造装置の中古装置をオーバーホールしてリサイクルする新会社サークをスタートさせているが、予想以上に多忙とか。今後、排気ガス測定・分析装置、医療用機械器具など対応製品を拡大していく方針であるが、さらに、企業間のネットワークを拡大するなど積極的な展開を図ることにしている。

同社の未来を指向するベンチャー的な取り組みでは「レーザーソリュウーションズ」というレーザー関連装置の研究開発のベンチャー会社を一〇〇％出資で設立している。これは同社とグループが保有している微細加工技術や画像処理応用技術を活用して、ハードディスク（HDD）製造装置、半導体製造装置の開発や研究、レーザー関連装置などの輸出入を行なおうというもの。ハードディスクの研究で世界的なシンガポールの研究機関DSIと共同開発契約し、シンガポール大学教授やDSIの研究者などを社外取締役に迎えている。

「こうした取り組みは可能な限り積極的に増やしていきたい。こうした子会社、分社化によってプロ集団の力を発揮しやすいようにするとともに、頑張った部門や頑張った人達に的確な成果配分をしていきたい」と意欲的である。一連の取り組みの成果次第で分社化は一段と加速することが考えられる。

石田は設立後三代目の社長だが「日本の経済界もずいぶん変わりました。ますます欧米化されてきたといえます。トップは健康で的確な判断や決断と事業展開のスピードが要求されています。経験も貴重ですがマネージメントの技術や手法も進化していますし、情報の量と質、スピードも違いますね。だからフルに活動できるのは長くて十年くらいでしょうか。この間に成果や将来の方向を打ち出していかなければ……」と考えている。

また「最近ベンチャーの若い経営者がドンドン出てきていますが、事業としてキッチリ結果をだせばアメリカのようにリタイアしていけるような社会的基盤ができていないですね。こうしたことも優秀な人達がベンチャーに挑戦するのが少ない原因の一つでしょう。事業に対して投資するエンジェルなど初期投資して、ぱっと大輪の花が咲くというような仕組みがようやくマザーズ、ナスダックと整備されてきました。アメリカのベンチャーはエンジェルや株主に対してどうあるべきかを最優先で考えています。投資家もベンチャー経営者も同じ考え方ですが、日本の場合は古いしきたりとか文化とかがあってなかなかそうはいかないでしょう。今後、インセンティブの問題や分社化によって上場していくということも含めて加速していくと思いますが、株主に夢を与えるようなシステムをつくっていかないといけないでしょうね。もう少し大きな夢があって、大きな理想があって、大きな成果が得られるというのがベンチャーの条件でしょう」という見方をしている。

石田は、かねがね画像処理関連、半導体・液晶関連の電子機器と電子部品の主力三部門に加えて次世代の柱となるような事業をもう一、二確立したいと語っていた。ソフトウエア、グラフィックアーツ（画像処理）、半導体機器、電子機器、電子部品の各事業本部の拡大のほか、国内外のグループ二十五社に加えて、このところの分社やベンチャー的取り組みのなかから大輪の花が咲き、新しく四本目の柱に成長する事業が出てくることを期待したい。ベンチャー的取り組みや分社が成功し発展すれば、次の段階として社員のなかから会社と共同でのベンチャーもでてくるだろう。すでに共同出資でのベンチャー・分社の制度もできている。

# 成長分野へ集中投資

## ニチコン

代表取締役
社　　　長　武田　一平

**◆ベンチャーを志す人達に◆**

あくなきチャレンジがまず求められます。頑張っていれば成功する人はでてくる。ゴルフでもプロや人のスイングを見て、自分のものを身につけていくでしょう。経営においても誰からでも吸収する姿勢がないといけないと思います。

「彼はサラリーマンの社長ではない。我々と同じベンチャーだ」とニチコンの武田一平社長を良く知る創業者社長たちがいう。取締役時代から将来の社長と目されていたし、社長就任祝いに、君が社長ならニチコンの株は買いだ、と五十万株を買ってくれた経営者もいる。「お祝いにワインなど貰うよりいいだろう」とその経営者はいう。

一応上場会社だったとはいえ、上場して二年目の企業に入社。その後、累進して平成十年に社長に就任したのだから創業者ではない。なぜ創業者たちが我々と同じ、というのだろうか。それは明るくて、話好き、チャレンジ精神旺盛という性格が同質の人を感じさせるからである。

武田がニチコン（日本コンデンサ工業）に入社した昭和三十八年当時、大学卒は同志社大学とか立命館大学など関西系ばかりだった。そこへ早稲田大学卒で東京の大学出身者の第一号として入社した。関西から東京の企業に就職するケースは多かったが、四十年近く前に東京から関西に就職するのはレアケースだった。ニチコンを選択したのは「会社紹介をみていたら、海外に雄飛する、とか年功序列がない、と記されていたから。年功序列でない会社がない時代に年功序列でないというところに惹かれた。頑張ればチャンスがあるかもという気持ちと、メーカーで海外の仕事をしてみたかったから」と入社した。飽くなきチャレンジのスタートであった。

## 豊富な海外経験

「コネもないのに頑張ったら会社案内通り社長になれた」というが、入社当時から存在感があった。四年目にアメリカへ。支店とか事務所があって派遣されたのではない。駐在員事務所を設置するために「お前しかいないと初めての派遣が私だった。海外での仕事を希望していたこともあり、アメリカへの転勤か」という感覚で渡米したのが十七年間のアメリカ生活となった。本来の性格が海外生活で磨かれた。

「ゼロから電解コンデンサのシェアナンバーワンにしちゃった。ベンチャー魂そのものでしょう。シカゴで駐在員事務所をつくって、会社（ニチコン・アメリカ・コーポレーション）もつくって社長になった。外国人を採用するのだって、シカゴからニューヨーク地区担当をさせるセールスマンのスカウトに家まで行って夫婦を説得したら通じるんだね。これは自信になったね。二十五カ国へ行っているが、どこへ行っても違和感がない。行っていないのはアラスカとハワイくらい」と海外経験は〝豊富〟だ。

ベンチャーを志す人達には「ベンチャーのオーナー社長みたいな気持ちの持ち方は変わらない。負けないよ。ニチコンを本当に自分の会社と思ってきた。まだまだ自分も会社も、他社と比べると大したことはない。ただ、自分自身が頑張って、京都発の企業で世界に通用する会社になるよう努力中だが、僕自身が頑張っている人の励みにでもなれば……。頑張っていれば成功するやつも出てくるんだなぁ、頑張ってみようかということになればうれしいね。それぞれ分野も違うし成功を押しつけるのは間違いだ。ゴルフでも人のを見て身につける。ベンチャーからも吸収する気持ちがないとダメだね。自分がやってきたことは話すから、あとは実行するかしないかだろうね」。

西暦二〇〇〇年に創立五十周年。このうち四十七年が実質創業者の平井嘉一郎社長（名誉会長・故人）時代。武田とともにニチコンの新時代がスタートしたといってよいだろう。「これからさらに発展させるのが私の役割。エレクトロニクス関連業界もデジタル時代という転換期を迎えて新たな需要が喚起される。我々も大きく飛躍できるチャンス」と語る。どちらかというと保守的で石橋をたたきながらきたが、今は積極姿勢になっている。「これまでは設備投資でも四十五億円、五十億円、五十五億円というように決められた枠を出ずにコンスタントに取り組んできた。これだとステディーで安全、引っ繰り返るようなことはない。ビッグチャンスがあるのだから伸ばすものは伸ばす。伸びるときには伸びるということが大切なんだ」という。平成十年には七十億円の投資計画を一気に二百九億円と三倍増に引き上げる最高の投資という積極策を取った。

「横でみていたらどこに当社の弱点があってどう克服していくか。景気の動向でなく、これから二十一世紀に向かっていくためには弱みは何か。その弱点を早く克服する。当社のコアビジネスは電解コンデンサだが、アルミ電極箔の設備に集中投資した。一気に増量とか利益が上がるということでなく、二、三年後に必ず花が開くと思い切ったのがよかったんだね」とすでに積極的な取り組みは数年前から始まっている。そうした姿勢が評価されて「減収減益を新社長として発表したんだが、かえって好感されて外国人株主も三二％と増加した。中長期的展望などはっきりしたメッセージをだしたら新高値をつけた」というが、本来の性格にアメリカ生活などから企業のディスクロージャーや株主へのメッセージの重要性が理解できているからでもあろう。

京都の企業についても「京都は古い土地といわれるが、エレクトロニクス産業などは毎日変化している。びっくりするほどいろんなものを先取りしている。この分野の創業社長などとも夢を語り合ったりするが、何かヒントにでもなるようなことがあったら『それいただき』といって翌日役員を集めて実行している。会社を良くしようという気持ち第一だし、また、惜しげもなく教えてくれる。自信があるんでしょうね。分社化、分社化といっているが京都の企業などはとっくにやっている。エレ関連以外のところは官僚的だね。それが京都の古さかな。新しいところは判断基準から違う。今は変革の時代だ。過去を語るのはダメ。経験も生かせない。生まれて以来競争の時代。競争なくして大きくなれたらいいけれどあり得ない。人が五の努力をしたら六、七の努力する。努力のゴールはない」とする。「会社として文化や伝統はあるが、会社を良くしようと毎日改善していくし、良いと思うことなら即時変えたらよい。企業は日本だけを相手にしていると、海外に通用するようなグローバルスタンダードにマッチしたグローバル企業にはなれない」とみている。

京都の経営者のなかで創業者とかサラリーマンからの社長とかは関係なく、同じ感覚、積極性を持った経営者の輪が広まりつつある。これは○○会というようなものではない、互いに通ずるものを感じる経営者が交際を深めているものだ。武田も〝そのメンバーのひとり〟である。

集中投資を紹介したが、それは営業関係だけでなく工場経験もあるからだ。平成七年「平井さんから工場経験がないから上にいくためにも工場へ行け、と福井県の大野工場へ取締役大野工場長兼海外営業担当として行かされた。嫌だったけれどもね」というが、大野工場長の三年間は貴重な経験だった。組織を改変し抜擢人事も行なった。このとき抜擢された課長は高校卒業の学歴だが、いまは取締役になっている。「くさらずにベストを尽くしていると時代は変わる。また、体質改善運動を展開して一年で利益を倍増させた」経験を持つ。いつでも夢を持ち、形にして、いまに全力を尽くすことだね。くさるような時にくさってしまうようではダメ。見ている人は必ずいる」を実証した。

平成十二年は会社創立五十周年であった。記念配当と、社員に金一封は出したが、記念パーティーはなし。「事業は現実。パーティーより将来に向けての設備投資のほうが大切だし評価される。これまで三工場をつくったが、あと二工場つくりたい。当社はいまチャンスを迎えている。総力をあげてスピーディーかつタイムリーにすべて実行する。これがここ数年の課題」とする。

上昇へのターニングポイントを迎えて二〇〇四年を最終年度とする中期計画も初めてつくった。「計画の最終年度で売上高一千五百億円、経常利益百八十億円としているが、一年前倒しできるかな」という手応えを感じている。これは情報通信関連機器市場の拡大であり、これに対応した主力のアルミ電解コンデンサ関連設備と、今後需要が見込まれるタンタル電解コンデンサ製造設備と機能性高分子タンタル個体電解コンデンサの増産投資など、二百三十億円の投資を行なうからである。二年間で合計五百億円の投資となるが成長分野への選択と集中で未来を開こうとしている。「やるんだと自分自身にプレッシャーをかけ、社員とともに達成していく」と決意を語る。

# 大きな目標への到達に続く挑戦

## 日本電産

代表取締役
社　長　永守　重信

日本電産永守重信社長は、いま日本の経営者のなかでいちばん猛烈に働いている社長であろう。「情熱、熱意、執念」「知的ハードワーキング」と「すぐやる、必ずやる、出来るまでやる」という三つの〝決めたら成し遂げる〟という精神を貫いて、創業わずか二十七年で売上高三千億円規模の企業グループにまで大発展した。

十年あまり前までは、目標に向けて邁進する姿が理解されない面もあった。それが、いまでは「永守さんならやり遂げるでしょう」と多くの人にいわれるように変わってきている。目標

**◆ベンチャーを志す人達に◆**

一発勝負で成功を求めるのは問題だと思います。そんな安易な考えでは成功することはまずありません。苦労は少ないほうがよいという人がいますが、しなければいけない苦労もあります。それを避けて通ろうとするからいけないのです。苦労、不幸をバネにはい上がってくる過程や経験が伴ってこそ発展するんです。

に向かって果敢にチャレンジする姿勢は、京都人には少ない性格であるだけに「あの人は京都の人ではない」と思っている人も少なくない。生まれは京都市に隣接する向日市物集女《もずめ》で、れっきとした京都人である。

現在、日本電産を二〇一〇年に一兆円、従業員十万人の企業グループに育て上げることを目標に掲げているが、大方の受け取めかたは「永守さんなら」とみている。この数年間は三千億円企業、次は五千億円企業とステップを踏んで一兆円企業グループの達成を考えている。日本電産を超小型モーターの分野で世界のトップシェアに育て上げて以来、M&A戦略を進めながら現在では小型から中型までの各種モーターのほかファン、ピボットアッセンブリー電源装置にまで分野を拡大。自動車や家電用モーターの分野に本格参入しつつある。

M&A戦略について考え方はいろいろあろうが、永守は「企業を買収するということはそこの従業員も一緒ですから、一度に何百人、何千人をスカウトするのと同じことだからメリットは大きい。しかし、同時にそうした社員の将来までが〝重し〟になってきますから簡単なことではありません。経営不振の会社を買収しているんですから大変です」という。経営不振の会社を再建して、併せて増加した社員の雇用を守っていくことは並大抵の苦労ではない。責任の重さは計り知れない。いまでこそ世間の受け止め方も変わってきたが、それでもM&Aという手法が正当に評価されるまでに至っていない。日本人の体質、性格になじまない面もあるといえよう。

## 自他ともに認める新再建名人に

また、業績不振の会社を買収するよりはっきり倒産した会社を買収したほうが経済的に有利だとする経営者も多いだろうだが、永守は「倒産に瀕した会社を再建させるのが再建です。倒産してしまったらその会社は信用を無くします。考え方はいろいろあるでしょうが、私は倒産前の会社を再建させるほうを選択します」との方針を貫いてきた。経営不振に陥った京都の上場企業シンポ工業を日本電産シンポとして見事に再建したほか、もっとも新しいところでは平成十二年八月に日本電産リードが上場している。再建企業を新規上場させるなど数々の実績が永守の信念を実証している。

いまでは、永守なら再建してくれるであろうと買収を依頼してくるケースも増え、買収した企業は二十社にもなったが、どの会社も高い技術があるが経営が不振という企業ばかりであった。再建の手法は、永守が個人としての筆頭株主となり無給の非常勤会長として、はじめは週に一度その会社に通うことと、連絡役をナンバーツーとして送るだけ。人員整理はしないで人心を掌握する方法で再建させている。

永守は「再建は外科手術でなく漢方と心理療法で一年かけてやります」という。こうした方法や社内の6S（整理・整頓・清掃・清潔・作法・躾）の徹底と、実績重視の評価などで社員の意欲を引き出し業績を回復させてきたのだ。時間はかかるが、この手法が正解であったことは結果が証明している。

ベンチャー創業の動機のひとつには、京都の多くの創業者がそうであるように、永守も「家庭が裕福でなく、どちらかというとハングリーな、そして愛のある家庭に生まれたことにある」と振り返る。

「私の実家は小さな農家で父は中学三年生の時に亡くなったんですが、亡くなる寸前まで近くの山に冬の薪を取りに連れていかれました。その道すがら『中学を卒業したら丁稚奉公に行け』といわれてきました。父が偉かった思うのは、なぜか電気屋がよい。これからは電気の時代だというんですよ。繊維関係などはいわなかった。中学では成績は一番だったが、六人兄姉の末っ子だったし、経済的な理由から進学は諦めていました。中学の先生が『成績が良いのだからせめて工業高校ぐらいは行かせてやってほしい』とそのとき所帯を預かっていた兄夫婦を説得してくれたので工業高校へ行けたのです」という。「最近、その長兄が『われわれが教育不熱心だったと恨んでいるかもしれないが、たしかにお前なら京大にも行けただろうし、大企業か官庁にでも入っていただろう。しかし、そうなるとお前の人生は変わっていただろう。兄が教育不熱心だったから今日があるのだ』というんですよ」と笑う。

創業者には人生や企業発展の転機となるような人との出会いがある。永守は工業高校卒業後、職業訓練大学校（現職業能力開発総合大学校）に進んだ。ここで音響機器メーカーのティアックから講師できていた見城尚志先生に出会ったのが、小型モーター開発に取り組むきっかけとなった。「世界で一流の技術をやらなければいけないと、徹夜で専門書の翻訳や研究でしごかれました」。こうして小型モーター開発では誰にも負けない自信をつけ、見城先生の推薦でティアックに入社した。

しかし、ここが凡人と違うところで「三十五歳までに二千万円の資金をつくり独立する」と決めて貯蓄していった。その後、京都の山科精機にスカウトされ、子会社の取締役を務めた。わずか二十七歳であった。持ち株をしていたティアックが上場し、その上場益で計画より七年も早い二十八歳で独立できた。見城先生との出会いがなければ、その後の人生は変わっていただろう。

ベンチャーのころ日本の企業とは取り引きができなかったという経験は良く聞くが、日本電産もこの例に洩れなかった。独立しても日本の大企業は相手にしてくれないので、会社設立の翌年、永守は単身アメリカへ渡り、飛び込みでスリーエム社を訪問したところ、技術マネージャーが会ってくれた。注文を受けるまで十ヵ月かかったがアメリカの大手企業が認めてくれたのだ。その後もサンプルを持って、アメリカの企業を訪ねＩＢＭからも受注するなど米企業との取り引きが広がった。この経験を通じて企業規模より技術を評価する欧米流のビジネスも学んでいった。

永守は「進学に失敗しても、創業時の苦労にしても世の中はそういうもので悲観してはいけない。社員にも何か良くないことがあれば良いことの前触れと思いなさいといっています。なぜなら今まで二十七年間経営してきて経験した苦しい出来事は全て、良いことの前触れだったからです」という。

これまで三回倒産の危機に直面したが、その後には必ずプラスとなった。一回目は取引先が倒産したときであった。それまで社長、社長と呼ばれていた人が債権者に罵声を浴びせられ、土下座している姿をみた。このとき「会社は絶対につぶしてはいけない」と痛感した。二回目は「先方の担当の技術者が大丈夫といっていた会社が倒産したときです。その技術者が迷惑をかけたと部下とともにわが社へきてくれたことで技術陣が強化できたのです」など大きな転機になった。

苦労を重ねてここまできただけに、最近のベンチャーに対して「一発勝負で成功を求めるのは問題だと思います。そんな安易な考えで成功することはまずありません。資金面でも苦労しなければなりません。苦労は少ない方がいいという人がいます。しかし、しなければいけない苦労もあります。それを避けて通ろうとするからいけないのです。開発研究でも一緒です。研究所で白衣を着て研究者らしい格好をしたら発明できるのかといえばそうではありません。徹夜も辞せずという取り組みがあってこそいいものが開発できるのです。不幸、苦労をバネにはい上がってくる過程や経験が伴ってこそ発展するんです。最近、これというベンチャーが出てこない、出てきても小粒が多い。それはちょっと成功したら満足してしまい三十人、五十人規模の会社で終わってしまうからです。二段目、三段目のロケットを持ち、どんどん発展する会社との違いはそこにある。ネット企業でも堅実なところもあるが、安易なところが多いように思います。それで成功できるなら我々は何をしてきたのかと思いたいほど安易に経営している。モノづくりというのは十年単位です。最低十年でしょう。いま利益になっているのは十年前に開発したものです。現在開発中のものは十年先でないと儲けになりません」と辛辣だが、言葉には重みがある。ここまでこれたのも成長論者で、企業の活力は成長によって発揮されるという考えからだ。やればやれるのだと受け取るか、永守だからできるのだと考えるか、受け止め方次第だが見本があるのだからチャレンジすることだろう。

二〇一〇年にグループ全体で年間一兆円の目標を発表している。「連結売り上げでの三千億円も手中にした。次は五千億円企業そして一兆円企業へ。その内訳は三分の一が既存事業の拡大。残りはM&Aでグループに入った会社の事業ということになる」との見通しである。M&A戦略は今後さらに加速することになろう。

一兆円企業への原動力の一つは車載用・家電・産業機器用中型ブラシレスＤＣモーター。なかでも電動パワーステアリング用の中型モーターは急成長を見込んでいる。油圧式に比べ低燃費、コンパクトで欧州車を中心に採用が進んでいる。高級車向けシート冷却用ファン・モーターも急速に伸びてきている。また、香港の有力モーターメーカー・ジョンソンエレクトリック社と合弁会社を設立し、ＡＶ機器や家電、ＣＤ―ＲＯＭ装置用などのブラシつき小型モーター分野へも進出した。自動車、家電部門への本格参入体制が整った。同社ではこれらを事業分野として集中強化する方針。さらに大きな世界企業への挑戦が続く。

# 取り組み進む新事業、技術

## 日本電池

代表取締役社長　田中千秋

日本電池は、京都の上場企業として百五年の歴史を持つ二番目に古い会社である。また、業界一、二位を競う唯一の会社である。それだけに名門意識ともいえる古い体質と、技術を重視し、技術系を中心に優秀な人材を併せ持っている。いま田中千秋社長の統率のもと新世紀も業界をリードし、社会に貢献できる企業への体質の転換と研究開発にスピードをあげている。

田中は「当社は技術を伝統としてきた。批判もあるし、拙い点もあるが、やはり技術の力だと思いますね。二代目島津源蔵の鉛粉製造技術から抜けきれていない。この遺産で食べさせて

**◆ベンチャーを志す人達に◆**

技術に対する執念やこだわりをもって進むことでしょう。ナンバーワンとかオンリーワンの技術を目指すことが大切でしょう。ソフト、ネットベンチャーの最近の動きには積極的に賛成できない面もあります。

もらっているようなもの。それだけ素晴らしい技術でもあるんです。技術に対する研究投資というのは継続して積み上げ、高度化していくことが、源蔵の流れを汲むわが社の今後にとっても変わらぬ大事なこと。創造ということとともに技術を大事にして高めていくことです」と十分認識している。

名門企業の革新という観点で見てみよう。一見温厚な感じを受けるが、厳しさとファイトを秘めており、中学で野球、高校ではバレーボール、京都大学ではハンドボールと異なった球技を経験した。入社後はテニス。コートにでた回数と時間は今でも同社の記録となっているほどのスポーツマンである。

京都大学工学部を出て日本電池に入社しているからサラリーマン社長だが、優秀な技術者でもある。ベンチャーを志す人には「技術に対する執念とか、こだわりを持って進めば……。ナンバーワンとかオンリーワンの技術を目指すことが大事。ソフト、ネットベンチャーも批判する資格はないと思いますが、最近の動きをみると積極的に賛成ではないですね。ソフトも本当の技術ならいいんですが思いつきとか、それに近いものではね。本当に知恵をつぎ込み、時間をかけてできあがった技術は大事にしなければいけません。人間というのはソフトも大切ですが、現実のものがないと暮らしていけない。そういう意味でモノづくりというのがベースになると思います」と語る。

田中がトップとして名門企業に新たな活力を与えようとしているのは、電池業界だけでなく、それぞれの業界が厳しくなってきているから、新たな技術を付加していかなければ企業として生き残っていけない、という認識に立っている。「私のやるべきことは新しいものがどんどん出てくるような、それもひとつや二つでなく継続して開発されてくるようなムードや組織なりをつくること」と考えている。

**多様化加速に対応する**

同社は鉛電池、二次電池、電源装置、照明器、その他電源応用機器、電池応用機器、自動車関連機器を生産しているが、さらなる展開が期待されている。研究開発を継続的に強化し、開発のスピードアップを指示しているのは「既存事業を無視するつもりはまったくないんですが、既存事業だけでは企業を守っていけない時代になってきた」とみるからである。十年前ごろからリチウム電池に代表される新しい電池がでてくるなど、電池業界も変化してきている。今後、電池の多様化の動きは加速されてくるだろう。「鉛電池についても新技術、新製品が出てくるでしょう。電池全体についても新しい製品を電池事業のなかにつけ加えていかなければならない。新事業については、当社は技術で生きてきた企業だから関係のない分野に進出しても、いい事業にできる可能性は少ないのではと考えています。保有の技術をさらに高め、組み合わせで新しい事業に取り組んでいかなければいけないでしょう」と自社の特徴を的確に把握している。

二十一世紀の重要なニューエネルギーのひとつとして注目されているのが燃料電池である。純経済的には、まだまだ割高であるが、人にやさしい、環境に優しいという面から一日も早い普及が待たれており、また新しい電池の最有力候補でもある。「近々、電気自動車に採用されるというのは難しいですね。いずれある時期には相当普及するだろうし、そういう方向に進みつつあるということは間違いないですが、二、三年後という時点での相当量の普及というのは……」と慎重な見方をしているが、石油や天然ガスの埋蔵量も有限である。地球環境という点からも普及が待たれるわけである。「燃料電池については話題は多いですが、家庭用のほうが早いでしょう」ということで、独自開発の家庭用燃料電池が二〇〇一年から、自動車用が同四年から市場に、という思惑があるようだ。

セクションの壁を越えて二、三の事業部が一緒になり、新製品の開発や新事業に取り組むために新事業開発室を新設したが、保有技術の融合により新しい方向が打ち出されることを狙ったものである。優秀な技術も従来は各事業部内での開発、保有ということで終わっていた感じが強い。新しいものがどんどん出てくる体質への変化を強調するのも、そのあたりに起因している。

社長になる以前からスピードを強調してきたが「ともかくスピードだといっている。世の中もスピード、スピードといわれるようになったから、ある面ではスピードというのは、もう古いのかもしれないが、ますます重視される。うちの会社はやることが遅かった。照明の仕事を長くやってきたが照明事業部ではそうでなかった。主力の電池は製品そのものが大きな変化なくきたものですから、そういう体質になっていたようです。上からいわれたら取りかかる。取り組むのも、仕上げるのも遅いと思う。できた製品や技術はきっちりしているんですが、もっと積極的に、スピードを重視しないと……」とよい製品を指示されてからではなく、自発的に早く開発するという体質への転換を希望している。それというのも、それだけの技術を持ち人材が揃っていることが分かっているからだ。

「自動車産業の順調な伸びとともに発展してきたので、黙ってつくっておれば、それでよいという時代がありましたからね。スピードを意識してやって来たつもりなんですが、今後は指示される前に先取りしてほしいですね。新しい提案などがどんどん出てくるようになって、はじめてそこそこということになる。優秀な技術者はたくさんいますよ。とくに化学系などは……」と期待と歯痒さが交錯するようだ。

仕事をスムーズに進めるためには「入社してからのテニスで事業部を越えての人脈ができるなど、仕事面でスムーズに進められたという経験があります。ベンチャーの人達でも、フランクに話し合える関係を大切に、異業種の人との交流を大事にすることですね。積極的につながりを広げていくことです。年賀状一枚という僅かなつながりでも大切にしておくことです。人間関係が大切だと思えばそう難しいことではないでしょう。経営者に求められるのは、まず先見性でしょう。大変なことですけれども広い意味での勉強ですね。社長になってから勉強するというのでは、多忙になりますから遅いでしょう。それと人間的な幅を広める努力ですね。これが基本ですね」という。

同社の今後に対して「電池も内容が変わるでしょうし、新しいものもでてくるでしょう。これらは大事な商品になっていくでしょう。いろんな意味で電池で動くものが多くなっていきます。携帯電話に代表される移動体はますます増えてくるでしょう。電池は電源として必要なんですから需要は必ず増えてくるし、その役割はますます大きくなります。ポータブル機器用のリチウムイオン電池の製造、販売は三菱電機との合弁会社（ジーエス・メルコテック）に移管したほか、ジーエス・サフトとジーエス・エス・バッテリーの二社をメルコテックのほうに吸収合併して小型電池事業を統合していますが、二次電池については、つねにナンバーワンでありつづけたい、と考えています」とする。

また、「電池以外の新しい柱となる事業をいくつか増やしていく状態でありたいし、新しい事業や技術が増え続ける体質の会社に変貌したい。具体的に有望なのをあげますと、すでに研究開発を進めていますが、太陽光発電システムですね。いまは試験研究設備とか、家庭用とかで普及していますが、近い将来、大々的に普及するでしょうから、そうした流れのなかで電源部分についてはナンバーワンになることですね」と近未来の新事業についてはある程度の目算があるようである。

わが国の電池業界の歴史を刻んできた同社が、新世紀にも活力ある企業でありつづけるためにチャレンジしている。企業体質は長い時間によって形成されてきたものだけに短期間での改革は難しいかもしれない。しかし、総合力があるだけに変わりだしたら大きく変わることも可能である。これからの田中の舵取りにますます注目が集まる。

# 起業家第一号から起業家の教祖に

## 堀場製作所

会長　堀場　雅夫

**◆ベンチャーを志す人達に◆**

ベンチャー企業が魔法の杖を持っているのではありません。ベンチャー魂を持つことが必要なんです。ソフトは二次産業です。情報通信やマイクロエレクトロニクスとともに時代の先端をいくものです。ベンチャー精神旺盛な人がどんどん出てくれば経済、社会ともに刺激を受けて変わってくると思います。企業内ベンチャーももっと盛んになってよいでしょう。

堀場雅夫会長はベンチャーの成功者というだけでなく、戦後の学生起業家第一号として有名である。京都の産業活性化と先輩経営者からベンチャービジネスに挑戦する人達への支援やアドバイスの講演活動で、全国を飛び回っている。講演活動が好きだからではない。ベンチャービジネスへの理解と支援、指導は何十年前から行なっているし、ベンチャーに関する著書も物しているなどから、いまや全国的にベンチャーといえば「堀場さん」ということになっているのだ。

京都でも産官学の連携による地域情報発信と、次代の産業育成を支援する財団法人京都高度技術研究所の理事長をはじめ、京都商工会議所や京都経済同友会など多くの団体の主要メンバーである。経済同友会や青年会議所などのメンバーには堀場ファンも多い。また、団体活動以外に京都市ベンチャー企業目利き委員会の委員のほか、平成十二年十月に開校したベンチャーを志す人達を指導・支援する通産省の政策の第一号となる京都市起業家学校の校長に就任。地元TVの京都の明日を考える番組のレギュラーをして辛口の提言も行なうなど多忙を究めている。

これだけ対外活動に時間を割けるのも、経営は堀場厚社長に任せておいても盤石なことが背景にある。堀場は父が京都大学の教授であったこともあり、研究分野は違ったが学者への道を歩んでいた。京都大学理学部の三回生のときに敗戦を迎え、米軍に研究設備を接収破壊されたのを機に学者を断念した。昭和二十年十月に堀場無線研究所をつくったのが、堀場製作所のスタートだった。京大などからの依頼で測定器の製作や修理を行なうほか、停電対策用の蓄電池式の停電灯を製作したが、これが当たった。やがて医療用パルス発振器の製作をきっかけに、エレクトロニクス製品に欠かせないコンデンサー、特に電解コンデンサーに着目した。この試作過程で、のちに堀場の代名詞ともなるpHメーターを開発した。こうして昭和二十八年に株式会社堀場製作所を設立した。

同社を有名にしたものが、社是の「おもしろおかしく」である。上場企業でこんな社是を持つところはない。ずいぶん話題になったが、同じ仕事をするなら興味のあるものを楽しく、興味のあるものなら頑張れるだろう、というもの。この社是は堀場の提案だが、即決めたのではなく、何年かしてから会長就任の記念品代わりに制定した、という経緯がある。この社是には賛否はあろうが、堀場の柔軟さ、若さを表わしている。

## 確かな、鋭い視点で明日を考える

経営者としての先見性も素晴らしい。為替が変動相場制に移行して、ちょうど一ドル二百八十円のころだった。日本の経済界は大変なこととして対応に躍起になっていた。為替動向を聞いたところ、堀場は「一度動きだしたらドンドン円高になる。二百円を割ったら百五十円、百円になるかも……」との答えだった。当時の感覚としては、みんなが「二百五十円になったら日本沈没」というように思っていたから、びっくりすると同時にいくらなんでもと信じられなかった。

ベンチャーの成功者として「京都でいまも続々と育っているわけではありません。保守的な土地柄の割には育っているとは思いますが、他とくらべてやや多いといったところでしょう。アメリカのシリコンバレーにしてもある段階からベンチャー企業が相乗的に集まり、あのシリコンバレーが形成されたのです。京都が全国から企業が集まってくるインセンティブのある都市でありつづけられるようお手伝いしているのです。ベンチャーを興すという現実はそれほど甘いものではありませんよ。情熱だけでは成功しません。面白いだけでも事業にはならない。事業にするためには地味に慎重に取り組むことが基本です。ひとりで技術から販売、経理まで経営全般をこなせる人はそういない。自分の得意でないところはそれぞれ専門家に任せてチームワークでやっていかないと成功はおぼつかない。誰でも失敗するとは思っていないが、成功するのは一〇%くらいだろうが、一人でも多く成功してほしいものです」とアドバイスする。一人でも多く成功してほしいという思いから全国を飛び回ってベンチャースピリットを説いている。

# 新世紀へ経営をリードする

## 堀場製作所

代表取締役社長　堀場　厚

**◆ベンチャーを志す人達に◆**

何千、何万倍に伸ばすことができるベンチャーの確立は一、二パーセントの確率でしょう。こうしたものを目指しても成功しないだろうから、ターゲットを絞り込みコツコツやっていくことではないでしょうか。

堀場雅夫会長がベンチャーの旗手、〝開発者経営者〟なのに対して、二世の堀場厚社長は海外経験も豊富な国際感覚に優れた〝技術系経営者〟であると同時にチャレンジャーである。甲南大学理学部を卒業後、アメリカの合弁会社オルソン・ホリバに入社。同社で働きながらカリフォルニア大学、同大学院工学部電子工学を修了後、堀場製作所に入社。海外技術部長、海外本部長、取締役営業本部長、専務生産本部長を経て、平成四年に社長に就任した。海外営業、生産技術、生産管理などを責任者として経験。専務時代には開発部門と営業部門の連携を強化して、より効率化するため生産本部を新設した。「私の存在を必要としていてくれたんでしょう」というが、それぞれのポストで実績を上げて後継者となった。

オルソン・ホリバでは、アメリカ人の上司の下で、商品のトラブル処理や修理など一人の新入社員として働いた。「日本でなら表向きは、社長の息子として接しられたんでしょうが、アメリカでは単なる社員。しかし、仕事ぶりや人柄で接してくれるオープンでフェアな扱いをうけました。精神的に強くなるとともにフェアと実力主義を学びました」と貴重な体験をする。

「仕事の跡継ぎということは、小中学生のときのほうが意識していました。大学生になると資質がないとダメだと割り切っていましたから、特別意識はしていませんでした。焦らず与えられた仕事にベストを尽くしてきただけです。気がついたらなるべくしてなっていたという感じです」というが、経営者としての手腕は評価が高い。著名な父に対するプレッシャーなどは「比べるのは時代錯誤。立派な父なら楽と思っています。やることをやって仕事をしていくだけです」と考え方もしっかりしており、次代の京都産業界のリーダーの一人と目されている。

## 進む事業分野拡大

主力の環境関連、科学計測、エンジン排ガス、電子機器分野の分析機器に加えて半導体関連、医療用分析機器分野の強化など、技術開発と提携といった手段で事業の幅を広げている。堀場厚は事業拡大や業務改革を先頭に立って積極的に推進している。業務改革の面ではウルトラ・クイック・サプライヤー（超短納期企業）をキャッチフレーズに定着させようとしている。「業務改革の目的は時代とともに変化します。以前はコストダウンや生産性向上が主目的でしたが、今はスピード。すべての勝負がスピードで決まるといってもよいでしょう」ということでの取り組みである。

また、事業面では平成十一年秋以降、半導体製造装置関連の強化のため、フランスの子会社ジョバンイボン社と共同で分析装置やセンサーなどを開発。また、通信装置や医療機器分野の拡充のため技術提携や資本提携を積極的に展開し、三年後の会社設立五十周年をメドに基本的な体制の確立を目指している。

これまでは海外の企業を買収して事業領域を拡大してきたが、今後は技術・資本提携などによるグループ化で事業展開する方針。この他英国オックスフォード社と蛍光X線分析装置で技術・販売提携するなど次代の事業部門強化を積極的に進めている。

機構面ではベンチャービジネス推進室を新設した。これは技術面から新たなビジネスチャンスなどを追求するのを目的とするもの。社長のリーダーシップのもと、着々と次代への布石、事業分野の拡大を積極的に進めている。だから、ベンチャーに対しては「ベンチャーが何千、何万倍に伸びるようなケースは一、二％の確率でしょう。簡単には成功しないが戦う姿勢、チャレンジはしなければ……。父もチャレンジ精神を持ちつづけていますが、引き継ぎはうまくいっていると思っています」とチャレンジ精神は受け継がれている。社内ベンチャーなどは積極的で三十数年前から新しい取り組みをしてきた。いまでは百億円規模の子会社をはじめユニークな企業が育っている。

「いまの経営はＷｉｎ、Ｗｉｎでないといけない。開発中心型の経営をより鮮明にすると同時に、企業としての力をもっと付けなければいけないと思っています。技術はワインと同じです。よいブドウを熟成させないとよいスピリットはできません」と経営判断、対応はスピードを求めるものの、一方では時間もかけて〝最強〟を求めて磨き上げることも忘れない。そのよいワインの一つとして、医療機器関係で十年の年月をかけて技術の高度化を図ってきた。情報系の強化もそうだ。そのためには、「どんどん優秀な人材を海外や子会社へも送り出していく、人事交流は活発になる。まわりは自分が対応する。国内の整備はこれから」と課題もはっきりしている。

同社の分析技術を分野別にみると液体、気体、固体、放射線・結晶関連、粉体、情報システムの多岐にわたっている。ほとんど用途は工業用であるが、自動車排ガス測定器など環境、生活に密接な関係を持つものも少なくない。意外に身近な会社でもあるわけだ。経営者としてはまだまだ若い。これからが本当の実力を発揮する時期にさしかかっているといえるのではないだろうか。「技術者の心でみる。ハートを大切に」は国際派経営者といわれるが、意外に日本的だ。海外経験が豊富だから逆に、ひとの気持ちが分かり、重視できるのかもしれない。

# 不思議な石ころに魅せられて

村田製作所

名誉会長　村田　昭

◆ベンチャーを志す人達に◆

人のやらないことに一生懸命取り組むことです。同時に事業、計画の独自性がないと難しいでしょう。既存のものであっても、それに何か味付けをすることによって成功することもあります。例えばスーパーの元祖のダイエーなどがそうですね。安売り量販店はすでに存在していました。

平成三年から四年にかけて「村田製作所はなにをセイサクしているんだろう」というＴＶコマーシャルが流れた。出演のタレントがミスマッチという気がしないでもなかったが、逆にインパクトがあったのか、このＣＭで村田製作所の社名を知った人が多かった。その製品は携帯電話やファクシミリに代表される民生品から産業用電子機器まで、われわれの近代生活と関係のあるあらゆる機器に使われているが、部品なので目に触れないのだ。セラミックコンデサー分野では世界のトップメーカーである。

村田製作所、名誉会長の村田昭がわが国のセラミックコンデンサー発展の歴史をつくってきた。創業者には支援者とか、事業の転機になったような人との多くの出会いがあった。経営者、特に創業者は運の強い人といえるが、これも事業、開発に取り組む真摯《しんし》な姿や人柄があってのことだ。村田の場合ほどこれに当てはまる創業者はいないのではないかと思う。

京都生まれだが、両親は石川県出身。呉服関係などを経て、当時清水焼の業者が多かった京都市東山区の泉湧寺地区で、船舶用のソケットなど主に輸出用の碍子を焼く「村田製陶所」を経営していた。ややこじつけかもしれないが、父親が呉服関係のままだったら村田もセラミックのほうには進まなかったかもしれない。また、自伝などでも病気のデパートといっているくらい三歳から十八歳までは病魔と戦う年月だった。旧京都市立第一商業学校(現西京商業高校)も休学続きで中退した。健康で卒業していたら人生は違う方向へ進んでいたかもしれない。

十八歳のときに病いから開放されたが、快方に向かうとともに村田製陶所の経理や営業を手伝うようになった。経営者・開発者の原点はここから始まった。セラミックコンデンサーの技術者でもなく開発者のイメージが強いが、企業が大きくなるまでは開発にとどまらず、営業から経営全般をひっぱり、率先して取引先の開拓に努力した。

## 人のやっていないものを開発

セラミックに取り組むことになったのは「もっと商売を大きくしようといったところ『注文を多く取ろうとしたら同業の得意先を安値で取ることになる。同業は困るし、こちらも儲からない』の父のひとことでした。それなら京都でやっていない〝焼き物〟を」と取り組んだのが特殊磁器だった。不思議な石ころとの出会いとか、不思議な石ころとの半世紀と表現するが、エレクトロニック・セラミックスと歩む始まりであった。独学で特殊窯業の本や文献を勉強する一方、京都にあった国立陶磁器試験場や京都市工業試験所をたずねて、化学用陶磁器についての知識や製法の指導を受けた。こうして得た知識と持ち前のチャレンジャー精神で特殊磁器や関連製品を開発していったが、当時最先端の高アルミナ質磁器（ムラタイト）も開発した。

戦時中は企業統合で「日本陶磁器有限会社」に統合され、若かったが営業部門の役員をしていた。そんなとき「三菱電機から電波兵器用のステアタイトの生産依頼を受けたんですが、会社では難しくてできないという。それなら会社を辞めて自分でつくろうと染色工場を借りて独立したんです。ステアタイトの商談は実りませんでしたが、酸化チタン磁器コンデンサー（略称チタコン）の開発依頼を受け苦心のすえ開発、納入しました」。個人経営の村田製作所がスタートした昭和十九年から同二十年にかけてのことだった。これがその後の事業展開を方向づけた。

さらに、今日の発展の転機となったのが昭和二十一年の京都大学工学部電気教室田中哲郎助教授との運命的ともいえる出会いであった。「田中先生の研究用サンプルを当社でつくり、研究成果やデータを教えてもらうという産学協同がスタートしたんです。チタン酸バリウムの研究では焼成から研究資材・器具の提供、研究助手の派遣などお手伝いして開発に成功しました」。これでセラミックコンデンサーメーカー村田の核ができた。

京大との産学協同研究が縁で、京大や阪大の学生が零細企業の域を出なかった企業に入社し、研究開発の大きな戦力となったのである。これも村田の事業へ取り組む熱意や意外に誰の懐にも飛び込んでいける人柄とともに、京都で創業したということも見逃せない。

順風満帆で発展してきたわけではない。中小、中堅企業時代に不況による経営危機、労働争議など危機に直面してきたが、何とか切り抜ける一方で、例えば昭和二十八年にはラジオの生産量が戦後最高を記録し、また同年からＴＶ時代が始まるなど、幸運がついて回った。昭和三十八年の三八豪雪のとき、福井県武生市の武生工場の製品が出荷できなくなった。ユーザーへの納期は守らなければならない。村田は忘れているかもしれないが「強力《ごうりき》に製品を背負わせて雪の峠を越えたのだ」。電子部品だからできたことだがユーザーを大切にする会社、村田の気持ちを代弁するようなエピソードである。

いま村田は「経営は現役に任せてと、平成七年に名誉会長に就任以来経営にはノータッチにしている」が、村田のひとことが決定事項となるのを心配しての配慮だ。

ベンチャーの成功者となった村田は、決して恵まれたところからスタートしたのではない。開発者として、経営者として努力と工夫で今日を築いたのだ。これからベンチャーに挑戦する人達に「誰もやらないことを一生懸命やってきたことと、よい人にめぐり会えて今日があるだけです。エレクトロニクス関連も成熟化と技術の変化が早いということから大型商品は生まれにくくなってきています。同時に何が出てくるか予測がつきません。しかし、決断したらやり抜くまでの頑張りと人との出会いを大切にすることではないでしょうか」と謙虚に語るが、ことばどおりに実行してきた人だけに説得力がある。不思議な石ころ、セラミックスに魅せられた半生は大きなものを築いた。村田の哲学ともいえる「よい部品はよい材料から、よい機器はよい部品から」は村田の、同社の性格を端的に表わしている。

# 期せずして二人三脚で今日を

## 村田製作所

会長　村田　治

◆ベンチャーを志す人達に◆

ベンチャーは技術や計画を世界に問いたいという大きな目的を持って挑戦しているでしょう。みんなが一致協力していける目標を持って頑張ると、かたちがつくり出されていくのではないでしょうか。

村田治会長は、昭名誉会長と十一歳年が離れている。父を早く亡くしているので昭が親代わりであった。現在のにこやかな、経験を積んだ経営者の姿からは想像できないだろうが、京都工芸繊維大学の学生時代は学生運動の闘士だった。中学生のころは「家業として」仕事を手伝ったりしたが、兄との年齢の差によるギャップや経営者と学生、若さ故の純真さなどが反抗の道に走らせたのだろう。村田製作所に入ってからも労働組合を後押しするなど「経営側なのに批判ばかりで兄の足を引っ張っぱっていただけ。自分がいることは会社にとってマイナスになるのではとの強い思いから、あてはなかったが何度もやめようかと思いました。高校の恩師にも相談したところ必ず必要になるときがくると諭され考えを変えました」と往時を回想する。

性格的には「内弁慶で兄のじゃまにならない程度の存在として行動することを考えていた」というが、兄とは別の苦労、経験をしてきただけに人情味があり、社員教育にも熱心だった。昭和三十二、三年ころに入社してきた事務系の優秀な新入社員を鍛えるなど、結果的には社長と社員の間に立って調整弁の役目を果たしていたのだ。いまは「日向と影の存在」という言葉も主役と助演者、役割の違いと素直に聞けるが、若いころはプレッシャーがあったのだろう。四十にして立つではないが「四十歳を超えてから仕事が本当に判りだして、また周囲の理解も深まったように思います。社長（昭）は着眼とアイデアに優れていましたが、その考えも十分理解できたし、それをみんなに翻訳してどう伝えるかを考えての行動も的確になってきたようです」と経験を積んで、このあたりから真の経営者になってきたのだろう。自分に対する考え方も「運命論者ではないですが神が与えた運命と考え、自分の使命、役割りを果たそうと変わってきました」。

創業者でないしベンチャーの人達の参考になるようなことは、と謙遜するが「長男がソフトウエアのベンチャーで、大手企業や中央官庁などの仕事を受託するなど評価されているようです」ということで、ベンチャーについては創業者とは違った角度で理解も大きい。「ベンチャーを志す人達は技術とか計画を世界に問いたいという大きな目的を持っているでしょう。夢が必ず実現するとはいえませんが、夢の見方の大きさと指揮力といいますか、みんなが協力していける目標も大切です。また、人以上の頑張りによって結果が出るように思います。スモールビジネスのころは新商品を開発できれば大きな力になりますが、失敗すれば致命的なことも多い、などなどに留意して、チャレンジすることではないでしょうか」との見方をしている。

**なくてはならない存在に**

今では同社にとってなくてはならない存在である。社業に多忙な社長の業務をカバーし、海外出張も増加している。現場をよく知り、現場と本部との調整役などの経験が豊富なだけに「交渉や商談以外にも本社の経営トップが内外の現場を知り、励ますということも必要だと思います。それだけの目的ではありませんし、定期的にということもないんですが、海外出張は増えていますね」と笑顔で語る。

明晰な頭脳を持ち、元気だが高齢になった兄にかわって業界団体や対外的な活動も増えてきている。また、依頼があれば大学での講義などもこなしている。筆者は四十年前から名誉会長、会長ともに知っているが、二人とも人間的にさらに魅力が増したなぁと感じる。同時に、意識したものではなかったかもしれないが、名コンビであったと、つくづく思う。治は「上になると裸の王様になりやすい。本質を見ないで社員が走ることに留意しなければいけません。また、現場を大切にすることを忘れないよう心がけています。さらに、一般的に目先の利益を重視しすぎであったり、それを要求しすぎではないでしょうか。継続ということが社会的にも意義があると思います」ということばには重みがあるし、ベンチャーを志す人達にも参考になるだろう。

# 最先端を走り続けられる企業で

ローム
代表取締役社長
佐藤研一郎

ロームの佐藤研一郎社長は、ロームの将来について、「いつも最先端の技術を追いかける会社でありたい。それもモノづくりの分野で。いつも新商品、新技術を開発していきたい。新商品や新技術が開発できなくなったらロームは終わりです」と語り、さらに、「山の頂上を見上げて、あそこへ行きたいというのは、皆そう思っている。あそこに行こうと決心したら、脚を踏み外さないように足元を見て進んでいく。谷に落ちてしまったら終わり、永遠に登れなくなってしまいます。登るというのは新商品、新技術の開発です。これまでロームは新商品、新技

**◆ベンチャーを志す人達に◆**

本当のベンチャーというのは自分の仕事で儲けること。上場で儲けるという考えではなく、本業で大きくなって、それから上場しないとうまくいかないと思います。すごい技術を開発したとか、商品を開発したということは、客観的には評価できない。思い込みだけではあっという間に寿命が尽きます。まずマーケットありきです。

術で新しい道を登ってきたんですね。ですから、これからも、次のマーケットを想像し、世の中に役立っていられる会社でありたい」と心から思っている。

佐藤は学生ベンチャーの一人である。立命館大学理工学部の学生のころ、アルバイトでラジオの故障原因の大半が、抵抗器の不良であることに気付いた。そこで自分で抵抗器を開発。卒業の年に、小型で特性に優れた抵抗器で実用新案を取得した。現在の炭素皮膜固定抵抗器の前身である。この抵抗器を製品として、京都の西陣で東洋電具製作所として事業をはじめ、昭和三十三年に会社組織にした。〝人と会うのが嫌い〟が伝説となっているが、よく知る経営者仲間は「そんなことはない。結構明るいし、よく話もされますよ」という。こうした場で参考になることがあれば「それいただき」といって、すぐに会社で役員や関係者を集めて実行している。これは経営者のセンスだろうが、同時にオーナー経営者の行動の速さ、すごさを感じる。

筆者がローム（当時、東洋電具製作所）を知ったのは、記者として担当していた三十七、八年前のことだが、正直なところ、これほどの会社、大経営者になるとは思わなかった。やはり何といっても凄いところは、その先見性と決断力だろう。抵抗器メーカーから半導体メーカーへの転換にあたっては、中堅企業だった昭和四十五年にアメリカに現地法人を設立。翌年にはＩＣの研究、開発拠点を、半導体のメッカと言われるシリコンバレーに設置した。日本の企業としては第一号だった。これが今日の半導体メーカー『ローム』の発展に大きく寄与したことはいうまでもない。

「心身ともに健康であることが絶対条件ではないでしょうか。健康でないと的確な判断も決断もできません」と、健康であることを経営者の第一条件とする。「健康でも優柔不断の人も居ますけれどもね。それとあとは、人の二倍、仕事ができるかどうかでしょうね」。

また、ベンチャーに対しては、「ベンチャーは自分の仕事で儲けること。そしてマーケットに受け入れられるかどうかでしょう。過信せず道徳的であることと同時に、人の何倍頑張れるかということでしょうね。これが基本だと思います。それができなければベンチャーなどやめたほうがよい。私は二倍働いてもしんどいとは思わない。いつも自然体です。意識したこともないが、人と違うことを考えていたから、ここまでこれたのかなあと思っています」というが、自分にも仕事にも厳しくしているから発言できる言葉であろう。

**自分にも愛と利と恐怖で**

佐藤は「人が動くのは、愛と利と恐怖だ」と言い、自分も同じ目で社員や世間から見られていると感じている。「皆さんご苦労さまでしたと言ってくれるのもひとつの愛だと思うんですよ。一方で、世間から、ロームは何という会社だと言われることを恐れます。周囲からも愛と利と恐怖を感じます。自身が道徳的であれば、感じられるのではないでしょうか」。

ところで、ロームは毎年、グループの全社員を対象に、優秀な技術開発や合理化など、業績に顕著な貢献があった社員を「社長賞」として表彰している。副賞の賞金の最高額は一千万円であり、業績に応じてランクを分けて表彰している。事務系でも表彰の対象となっている。おもしろい例では、阪神大震災のときに自転車で神戸へ行き、社員の安否を確認した者が社長賞を取っている。これは愛である。選考に不平不満が出ず、さらなる頑張りにつながっているのも、的確な選考があってのことだ。「社長にゴマをすっても、私は選考者から外れているからだめなんですよ」とのことだ。

創業九年目には「企業目的」を制定し、同時に「経営基本方針」、「品質管理基本方針」、「教育訓練基本目標」と「教育訓練基本方針」を掲げた。技術を重視して産業、社会に貢献することを考え、今日のロームを築いてきたのだ。企業が大きくなってから考え、実行してきたのではない。

また、ロームは、中小企業のときから〝緑〟を大切にしてきた。建物でも本社をはじめ周辺のいくつもの建物は落ちついた色調で外観だけでも環境への配慮がうかがえる。本社に隣接する広い敷地には、緑の木々が何十本と植えられており、通りすがりの人々にも安らぎを与えている。地価を考えると大変なことである。毎年クリスマスの季節になると、この木々にイルミネーションが飾られ、新しい憩いのスポットとなっている。半導体の生産工程ではたくさんの水を使用するが、社内で循環、完全濾過しており、水道水よりもクリーンな状態にある。同社が作成している〝地球環境との共存をめざして〟というタイトルの『環境報告書』によると、廃棄物の再資源化率は九四パーセントの高効率を実現している。

このほか、メセナ活動による社会貢献では、若い音楽家の育成支援のため、佐藤の所有株式六百六十万株を基本財産として『財団法人ロームミュージックファンデーション』を平成三年に設立した。コンサートの開催や音楽活動の支援、国際交流、音楽学生への奨学金援助、さらに若い音楽家を対象とした『京都・国際音楽学生フェスティバル』や音楽セミナーなどを開催し、若手音楽家の育成に力を入れている。佐藤は、父がバイオリン奏者だったことなどから、本人もピアニストを目指していた時期があったことは知られている。もし、ピアニストになっていたら今日のロームは存在しなかった。

『財団法人ロームミュージックファンデーション』は、今でもロームグループとともにコンサートを開いている。一部には、道楽で冠コンサートをやっているのではと見られることもあるようだが、現実に、若い音楽家たちは技術を磨くのに、また、発表の場に苦労している。著名な音楽家の演奏に接するのも素晴らしいことだが、成功するか判らない音楽家を支援し育てていくことも大きな意義があるのだ。佐藤も「外国の音楽家が、『誰か判らないが、若いころに日本のファンデーションが援助してくれて、それで勉強できた』というのでよいじゃないですか」と私心は全くない。このほか地元京都の歴史や文化を紹介した「ローム君の京都博物日記」は新聞協会賞を受賞した。筆者はロームが、佐藤が素晴らしいといっているのではない。経営者は、できる人は、こうした社会貢献にも配慮すべきだ、と共感するので紹介したまでだ。

佐藤は今後とも京都にベンチャー企業が育ち、京都の経済が発展していくかについて厳しい見方をしている。「創業間もない中小企業のころでも、お客さんに、『会社は京都にあります。お寄りください』というと立ち寄ってくださった。また、京都には理工系の大学も多く、我々のところにも優秀な学生が入社してくれた。京都、古都が味方してくれたといえる。京都で創業したことが幸いした」と京都に感謝している。本人も京都で過ごし京都のよさ、学生の街ということを十分知っている。

いま、京都の大学が市内から府下へ、滋賀県へ移っていき学生の数が減ってきている。佐藤の母校、立命館大学も理工学部は滋賀県草津市に移転している。この問題について「学生の街は若者の街。京都市内から若者の数が減ることは活力がなくなる一因である。京都市内に大学があって、生活し、京都に愛着を持っているから京都の企業にも就職してくれた」と考えているが、これも京都を愛しているからである。京都経済活性化のため「京都から出ていった企業が戻ってくるような優遇策がとれないものか」とも。ロームをはじめ、京都の主要企業は世界で儲けて、京都市に税金を払っている。それに対して産業政策や大学などの問題に的確な手がうたれているかとなると、伝統産業の支援なども必要ではあるが、正直なところ的が外れているといわざるをえない。「世界中で、大学が無くなったところは廃れているのが歴史的事実です。京都は多くの文化人も育った文化都市だが、文化人も、学生もいなくなれば衰退していくでしょう。このままなら京都はあと百年でしょうか」と残念な様子。

ロームの将来については、前述のとおり「モノづくりの分野で最先端を行きたいだけ。常に新しい社会を求めて、さまよえる会社になっていたい。その結果として、利益を上げ、社会に貢献できる企業であれば」と語り、佐藤の視線の先には、迷いなど一切感じられないようだ。

# 新しいワコールへ率先舵をとる

## ワコール

代表取締役社長　塚本　能交

◆ベンチャーを志す人達に◆

どの分野でも基本が大切です。ネット分野は、新しい販売チャンネルとして期待も大きいですし、誰でも参入できます。しかし、ユーザーの信頼を裏切るような行為があれば二度と購入してくれません。

ワコールの塚本能交社長は二代目の社長。創業者の塚本幸一（会長・故人）は戦後、女性下着業界の歴史をつくり、ワコールを世界のワコールにまで築き上げた人物であった。また、青年会議所から始まって京都経済同友会、京都商工会議所会頭を長く務めるなど、交遊範囲の広さなどもあったが、創業経営者ならではの明るく積極的な性格であったことが関係しているといえるだろう。さらに京都を愛することにかけては、京都人の誰よりもその意識が強い人であった。塚本は仙台で生まれたが、一族は滋賀県近江八幡の出で、八幡商業で学生時代を過ごした。

「京都でサミットの開催を」とサミット参加国総領事や関係者を自宅に招いてのレセプションを行なうなど、京都にプラスになることなら身銭を切ったり、先頭に立って活動していた。あの古都税騒動のときでも京都仏教会の拝観停止行動に対して、会頭として繁華街の街頭に立って、拝観停止反対の署名運動をリードするなど行動の人であった。この署名運動には後日談があって、仏教会側から署名簿が返送されてきた。「ひょっとして受取人払い？」と聞いたら「正解」といってニヤリとしていたのを記憶している。私的な面をご紹介すると、十六年ほど前に彼は一時期パイプを吸っていたが、慣れていなかったので吸い方を教えた。パイプ党になったのも私の真似であったからパイプでは私の弟子であった。

そうした塚本幸一に対して京都の人は「京都の人でないとか戦後派だ」とか冷やかな目で見る人も少なくなかった。このあたりが京都人の冷たさ、嫌らしさ、京都人らしさなのだ。しかし、自分が先頭に立たないのなら、せめて協力でもすれば彼はもっと京都のために仕事をしたにちがいなかった。ワコールについても、入院をする一ヵ月ほど前に「十年一節に書いているほか十年単位の計画は四十年までは達成してきた。五十年も目前になってきたが、そこから先はまだ計画というまで固まっていない」と語っていたが、五十周年を迎える三年前の平成十年六月に七十七歳で死去した。せめて後三年。五十周年を元気に迎えさせたかったと思うのは筆者だけではないだろう。

こうした有名な、行動的な創業者を持つ二代目の能交には、プラスの面と負担に感じる部分があったと思われるが「プレッシャーは全く感じなかった。親父の会社に入るのが嫌だったが、その前に伊藤忠商事に行かせてもらえるということで、現実のワコール入りは将来のことで実感はありませんでした」という。伊藤忠の繊維部門に四年ほど勤めたが、そのころになると何度も呼び出され、説得されてワコールに入社した。本社でなく大阪店の倉庫からスタートしたのがよかったのだろう。

「周囲は社長の息子とは知りませんから一新入社員の扱いでしたし、それなりに興味を持って発送の段取りや販売店への商品の届けなどコツコツとやっていました。伊藤忠の十人ぐらいの課とワコール大阪店の売上げが同じくらい。伊藤忠の勤務はきつかったが、伝票一枚切ると何百万円。ワコールでは何百円の単位。この積み上げで、この売り上げをしているというのはすごい会社だなあと感心し、素直に受け入れました」とか。

「社長になってからも会長が京都商工会議所など団体の役職をしていましたので、会社に毎日出てくるわけではなく、外からワコールをみて客観的にアドバイスしてくれました。変に対立したり、意識したりすることなく、一つの見方として受け入れる感じで自由に、何かあればいつでも相談できる距離にありました。いつも一緒にいなかったのがよかったんでしょう」と述懐する。

性格的には「会長はバイタリティーがあったが、自分はみんなが手を挙げたほうにあげるタイプ。社長になったのがバブルの後の経営を見直す時期だったので、引っ張っていくより確認型のタイプの私に向いていたのかもしれない」と、結果的ながらバトンタッチのタイミング、社長のタイプの違いもよかったようだ。副社長時代と社長になっての四、五年ほどの十年間くらいは、お得意先や支店を重点的に回っていた。支店長は経験したが、セールスはやっていなかったので、販売現場を知るよい経験をした。

いま、「ワコールはマスプロダクション、マスセールという主たる生産、販売方式からの転換期にきている」ことを認識している。「新しいことを現場を知っている人達に任せようとするのですが、これまでの方針で発展を共にしてきたような管理職や役員クラスのベテランといいますか、経験者が自分たちがやりたがります。ベンチャー的取り組みは、販売の第一線が何を必要としているのか、どう変わるのか判っている人物に、ヒト・モノ・カネをつけてでも責任を持ってやらせることが必要だと思うんです」と腹案はできている。

次のワコールの創業期に入ったのではないかとの理解のもと、社内をさらに活性化させるのに分社化やカンパニー制の導入も視野に入れている。「結果をはやくだすには分社方式でしょうが、これまでほとんど分社という取り組みはやって来ませんでした。プロジェクトチームなどで対応してきましたからどうしても過保護になり、育つものも育っていなかったということがあります。しかし、これまではそれでもよかった面がありました。今後、極力早い時期に分社やカンパニー制などの採用を検討中です」という。

## ＩＴで新マーケット開拓を

また、一般のベンチャーには「まず基本に忠実にやることがいちばん大切でしょう。繊維業界でもトレンド指向で、いい製品でもダメな時期がありました。しかしトレンドのほうを向いたところは結果的には失敗しましたね。インターネットの世界でも、ソフトバンクの孫さんはパイオニア。あの程度のことならできると後追いをする。基本的に楽して商売はできません。ＩＴで新しいマーケットができてきて流通が大きく変わってくる時代です。それに乗れるかどうか〝産業革命〟の時期にきているのではないでしょうか。こうした過渡期に、真似は基本的にはあり得ないと思います。インターネットに乗せて新しいマーケットや店ができるなら、乗せてみることでしょう」と可能性とチャレンジを指摘する。同社としても商品がボディウエアだけに、ホームページにどう掲せていくか、どのように商品のエレガントさを表現するか検討中である。

新製品や新分野製品でも「新しい店で店頭販売するなら説明も、いいわけもできましたが、ネット販売では気に入らないと二度と戻ってきてもらえない。新しいマーケットはできたが、お客さんが満足してくれる製品、販売など内容の伴ったものをきっちりお届けしないと失敗するでしょう。ネット販売だけでなくベンチャー全体にも本物のモノづくりとユーザーへの的確なアプローチができれば成功する」とネット販売、ベンチャーの難しさや問題点は押えている。

二十一世紀への基本方針については「派手なことはなくなります。海外を含めた生産では〝メーカーワコール〟という部分で、絶対他社の真似ができないような技術力を持った会社としての基盤をさらに強化すること。いまのワコールのビジネスを支えている路面店さんでの商売は伸びることはないでしょう。そういう意味ではいままでの七〇％のコストで前年比一〇〇％を達成することでしょう」という。そして「販売のほうのコストダウンした三〇％で新しいチャンネルとしてＩＴビジネスというのがでてきたわけですから、これらを三本目の柱として育てていくことが、二十一世紀へ向けてのワコール、メーカーワコールとして、キッチリしたものづくりの大切さを確立すること。既存のビジネスを安定させるとともに、これからの可能性を秘める新しいチャンネルにいかにうまく乗れるかということですね。うまくいけば二十一世紀に安定した会社として発展していけます」と新しい販売方法に期待をかけている。

ＩＴビジネスへの挑戦では、従来は、すべて下着販売のベテランがリーダーになってチャレンジしていく取り組みではなく「新しい分野だけに従来の販促が得意であった人とか計画が得意だった人などが中心になって、背景にある当社の商品を販売していくわけで、過去にセールス経験やモノづくりの経験を持たない新しい層の人達が新分野をつくりだしていく方針です。店頭販売の経験豊富なセールスのベテランの人達と、新しいビジネスに取り組むどちらかというと〝シンクタンク〟的な仕事をしてきた人達が、新しい柱を築いてくれる。これで三つの柱ができればと思っているんですが」と期待している。最近「ワコールの塚本社長は経験も積み、お父さんとは違う味を出しておられるそうですね」という声を聞く。二十世紀の幸一、二十一世紀の能交の時代が築けるか勝負はこれからだ。

# 一千億円企業へ絶えざる前進を

イシダ
代表取締役社長　石田隆一

**◆ベンチャーを志す人達に◆**

アイデアとビジネスは違います。ホームランばかり打てないでしょうが、二、三本の連続ヒットが必要です。大きなヒット商品が出ると油断してしまうケースがありますが、これでよいと思ったときにダメになります。勝者は問題が起こったときに冷静に分析して解決策を考え、敗者は問題を指摘するにとどまる。

四代目の初代社長と評したことがあるが、イシダは、はかりメーカーとして百七年の歴史を持つ会社である。日本で初めての民間はかり会社として明治二十六年（一八九三）に創業した。明治のベンチャー企業ともいえる。ではなぜ石田隆一を初代社長と評するか、といわれるだろう。理由はここ三十三年で、機械式や電子式のはかりからコンピュータースケールへの技術的高度化の段階で企業、技術のグレードアップに成功した。業界のリーディングカンパニーといわれるハイテク企業へと変貌させたことによる。

石田は四代目として順調に階段をのぼり社長に就任したのではない。大学卒業時に他のメーカーに就職するとか海外で視野を広げることも考えていた。希望を持っていたものの石田衡器製作所（平成七年イシダ）は、メートル法施行への対応や販売網改革の遅れから経営危機に直面していた。そこで卒業前から入社して経営改革に取り組み、活性化へのポイントであった新しい販売網の確立のため、社長とともに全国の販売店を回りチェーン網を再編した。当時、二十五歳の営業部長だった。また、業界の動きもアナログからデジタルへの技術革新があった。これにともない大手家電メーカーの参入もあり、はかり業界としては〝動乱〟の時代であった。このようなときに三代目社長が死去し、三十三歳で社長に就任した。「参入してきた大手企業から規模が違うから廃業した方がよいのではともいわれたが、BIGGESTよりBESTの会社に、世界を代表する中堅企業になりたいと考えていた。中堅企業にしようというなら大手企業との競争は避けて通るわけにはいきません。チャレンジするしかない。対抗して勝ち残れないようでは中堅企業を目指すことはできません。若かったから頑張れたのでしょう。頑張っているうちに大手の方が撤退していった」。

歴史のある会社だったが、入社後十年余りは、会社を新しくつくるほうが楽であったかもしれないような経営環境にあった。三十代前半ながら社長になり経営のトップとして企業の再建と大手企業の参入による業界の価格、技術競争に勝ち抜くまでの間に力をつけていった。かつてワコールの塚本幸一会長は筆者に隆一（イシダ社長）と純一（村田純一村田機械社長）は若手のホープ、といっていた。塚本をして京都のホープといわしめるまでに大きくなったのである。ただの四代目とは違い、今日の計測技術を中核に周辺技術を統合して、計測のトータルシステムをコーディネートする「インテリジェントシステム開発産業」を掲げるハイテク企業に育て上げたのである。感覚、経験は創業者と変わらない。

そうした経営経験を持つ石田は、これからの企業家に対して「動機、目的、基本的なスタンスが非常に大事だ。最近の動きを見ていると、ベンチャーといいながらＩＴブームで一旗揚げて金でも稼ごうというのか名を売りたいから、というようなのが多い。それではいけない。人々に喜ばれて、社会に役立つために何かやろうというような志があるかどうかが大切。そうしたことが動機や目的でなく、自分がこうしたい、成りたいというのでは失敗する。国でも社会でも夢で始まり、ロマンで発展し、責任感で成功するという。夢やロマンは誰でも持っているが、マラソンと一緒で走り出すと必ず苦しいときがくる。その時に持ちこたえられるかどうかは動機や目的がどうであったかということと責任感があるかどうかですよ」と企業を継続させるための基本を語る。

そして失敗するケースとして「経営がこんなに苦しいものなら辞めてしまおうかというのが多いですね。風潮として甘え、勝手主義のところがある。自分本位のところがもの凄くあるというようなのでは成功せんでしょう。また、ツキを落とす要素はたくさんある。良いときにツキを落とすのは油断と奢《おご》りと見栄で、悪いときは欲とあせりでしょう」と長い社長歴をうかがわせる味のある言葉である。

## 技術革新・適者生存を貫く

平成五年、創業百周年を機に企業理念を「社会に必要とされる世の適者」、経営理念を「企業活動を通じて社会とともに栄え、人々の幸せと繁栄を目指す」、行動理念は「社会性・人間性・経済性の三方を視野に調和のとれた三方良し」の三つの基本理念を改めて策定した。社長になって三十三年。「日々革新を心がけてきた。ここまでこられたのは最初の基本スタンスといいますか適者生存。人々に喜ばれ世間にお役に立つ企業は残るはず。それなら適者にならなければいけない。なるためにはみんなで心を合わせてやればできるはず」と考えてやってきた。社長に求められる条件は「知徳一体」であり共通目標、人生哲学とか経営理念、人格・社格とか品性の三つの必要条件を考え、実践してきたから技術革新やオイルショックとか何度も修羅場というか、転機や危機に直面してきたが切り抜けてこれたのだ。

起業するのに、アイデアがうまくはまる場合もあるが、これを認めつつも「アイデアとビジネスはまた違う。ホームランばかり打てないが、ヒットでよいから二、三本と続けなければばいけない。また、大きなヒット商品がでると油断してしまって、これでよしと思ったときにダメになる。勝者は問題が起こったときに冷静に事態を分析して、どのように解決するか考える。敗者は常に問題点を指摘するにとどまる。経営者は評論家になれば敗者ですよ。経営者は常に変革していかなければいけない。絶えざる変革こそ経営者も企業も大切です。常にこれからという気持ちがないといけない。安定企業というのは実は不安定なんです。経営者は油断することなく、自信を持っても傲慢にならず、ダメだと思わないことです。これが経営者の条件」という。

イシダはどのように変革してきたのか。オイルショックの前年、昭和四十七年ピーマンの計量・包装がきっかけとなった世界初の組み合わせ式高速自動計量器・コンピュータースケールの完成からメカトロニクス企業へ踏み出した。現在、ＦＡ（ファクトリーオートメーション）システム、産機システム、物流システム、流通システムの四分野の計量合理化、情報化をサポートしている。

ＦＡシステムの計量機器は、小型成形部品やネジなど小物の自動計数・包装システムや薬品保管管理システムや産業廃棄物の計量管理システムなど。産機システムはスーパーマーケットに代表される業種の商品の搬送・包装・計数・カートン詰め・配送・データ処理など生産、販売合理化システムが対象。物流システムは小売業を中心に多品種・多頻度・少量化に対応する物流システムの構築。流通システムはスーパーなど小売り各店舗の販売から経営管理までの自動化機器や経営データを本部と結ぶトータルストアオートメーション。

昭和六十年のイシダ・ヨーロッパ（英国）設立を最初に、イシダ・アメリカ、イシダ・インターウェイ（米国）イシダ・ド・ブラジル、イシダ・アジア（シンガポール）、イシダヨーロッパマニファクチャリング（英国）など積極的に海外にも展開している。

現在、経済環境もあって業界全体で一千億円市場から縮小の傾向にある。イシダは早い時期に「五四三・ゴヨサン」売上高五百億円、経常利益四十億円、三百億円台の自己資本を達成する、としていたが平成十二年から売上高四百億円台に入ってくる。海外会社と連結決算なら五百億円を突破している。自己資本は二百四十億円台と業界のリーディングカンパニーである。

今後、産業用はかりなど搬送から計量・包装、検査などシステムを一括して担当できる総合的なコンサルタントサービス機能を高めていく。また、現在の商品群をさらにレベルアップと深耕、システム化していく方針。システム化となると、計量器、コンベア、包装機、箱詰機、チェッカー、検査装置、ＰＯＳとかいろいろある。

「全てを自社でカバーするというのではなく、パートナーとかグループとかでシステムをコーディネートする力を持ちたい」という。停滞することなく発展していくためには「金平糖」企業でいく方針。金平糖は球形でなく突起がある。「球はきれいだけれど球は縮んでいく。企業はあまりかけ離れた分野はどうかと思うが、ところどころ突起物を出して間を埋めていけばより大きな球になる。おいしい水の販売機とかゴミ処理機とか環境・健康などユーザーに何かプラスアルファをつけられるようなことも……」と海外を含めて一千億円企業へ前を見つづけている。

# 二代続く創業者精神

## 村田機械

代表取締役
社　長　村田純一

◆ベンチャーを志す人達に◆

アメリカでは成功すると引退して悠々自適の生活に入ったりしますが、日本では会社を続けますね。そのためにはアイデアがあること、健康であることが第一条件でしょう。勝ち残るには実力と努力。倫理観というものも一層重要になります。

村田機械は村田純一社長の父、村田禎介（故人）が昭和十年に創立した合名会社西陣ジャガード機製作所が前身であり、六十五年の歴史を持つ。現社名になったのは昭和三十七年。四十年前から知っているが、村田はすでに常務として社長を助けて活躍していた。一般的には二代目になるが、筆者は一・五代目と呼んでいる。創業者は恰幅がよく豪快だったが、心の優しい、いかにも創業者という人であった。知られていないが、友人と身銭を切って京都のために動くような人であった。駆け出しのころに経営者というのはこういうものだと教えられた。丸紅を興し伊藤忠商事をつくった伊藤忠兵衛さんに知遇を得、師事していた。

　その忠兵衛さんが「禎介は創業者だけに自由自在にやれるからうらやましい。私は失敗したらなんだというようになって損だ、と仰っていた。それほど会社をつくり、経営していくということは大変なこと。同時に人間的な魅力がないとできないことと同席していて教えられた」と村田は尊敬と敬意を送る。その村田禎介が現純一社長を「互いに長所も欠点もあろうが、彼は自分と違ったシャープさ、国際感覚を持っているので期待している」と評していたことが昨日のことのように甦ってくる。六十四歳という若さで亡くなったのが惜しまれる。

　村田は「伝統産業など京都には何代目というところは多い。継続するところに特徴が出てくる企業もある。創業者でなく二代目だしこれからのベンチャーとの中間に当たる」というが、村田の代で繊維機械、工作機械に加えて物流システム、クリーンシステム、情報機器部門への進出とハイテク化を実現。企業のスケール、技術の高度化で一ランクも二ランクもレベルアップさせたことをみると、二代目経営者であると同時に挑戦者でもあり、手腕は高く評価される。

　アメリカ・バブソン大学大学院を出てすぐに村田機械に入社。社長の相談相手として経験を積んできたが、京都商工会議所、京都工業会など地元経済団体でも主要メンバーとして活躍。現在は京都商工会議所副会頭、京都工業界副会長、日本繊維機械協会会長等を勤めている。「父が亡くなったのはわたしが三十四歳のとき。社長を継いだが若かったので怖いもの無しの気持ちでやった。いろんな人達に同情もしてもらったし可愛がってももらった。この歳になって父の偉かったことが実感できるようになった。亡くなった塚本さんにしても稲盛さんなどにしても、みんなが知らないところで京都のために身銭を切っていますよ」という。しかし、京都の人は自分では何もしないのにそうしたことに冷やかである。サッカーの京都パープルサンガにしてもあまり応援にいかない。

一方、京都の恵まれているところは「立派な経営者がおられて、側でみたり接したりでき謦咳《けいがい》に接することができること。ベンチャーを育ててきた土壌というか。成功をまわりでみている。京都は反東京、反政府、反中央集権であったり、労働組合が強かったり、政府がらみのビジネスがなかったから商品やサービスで勝負した結果がよかった」と分析する。

## 保有技術とチャレンジで

昭和四十七年に繊維機械、工作機械の機械屋だった同社が畑違いともみえるファクシミリ事業に進出したのはベンチャー的挑戦であった。当時、通信は電話、電報、郵便が一般的であったし、電電公社の回線が電話しか使えなかったが、それが使えるようになった。「我々も工場のなかで繊維機械、工作機械、物流機器など設備はモノづくりですから合理化に寄与してきたわけです。このころからオフィス関係の合理化、機械化に目が向いてきました」。

事務用設備で参入できるものというとファクシミリだった。当時はドラムに紙を巻いてモーターで回していた。機械と似ているし、歯車も使っている。これなら保有技術を生かせるということで、アメリカのグラフィックサイエンス社と提携、型式認定第一号となった。

「発売一年後に回線の自由化で他社も参入してきました。それでもよく健闘しまして十五年目ごろにヒット商品も出たんですが、用紙は普通紙に代わり、現在は複写機メーカーが力を持っています。当社は業務用に特化しています」とファクシミリのパイオニアでもあったのだ。

情報化社会のなかで機器という良いところに目を付けた。ワープロやセルラーフォンも試作したが「競争の激化で価格が下がり太刀打ちできないので撤退した」ということもあった。しかし、こうした取り組みで関連の技術がアップしたし、情報化社会がどういうものかも知り得た。そこで出てきた知識を設備機械のほうにフィードバックして活用していけたプラス面もあった。

機械の元祖は繊維機械。同社も戦後、織機や製紡のニッチとして糸巻機を始めてから積極的に新しいものを出すという方針を採ってきた。「だんだんランクアップしていったんですが、こうした土壌から繊維機械から工作機械に進出。つくり方も売り方も違う工場での工具整理箱。これを積み上げて、梯子をかけて、棚になってリフト付きの立体自動倉庫など物流分野へとはいっていった」。ある意味で保有技術の延長であったかもしれない。しかし、歴史ある繊維機械は世界の最高クラスの地位にあるほか、それぞれの分野で業界トップグループに入っていることは評価に値する。各事業分野でトップランクだが、繊維機械などは国内より海外のほうが知られている。

事業の未来について「ますます高品質のものが求められるので、既存の繊維機械でもさらに高級品用の機械を、工作機械は自動車産業の設備更新需要に期待している。期待の分野では、ガラス繊維の産業用資材などへの用途開拓と需要増大があります。立体自動倉庫など物流分野では、カナダ、香港など空港関係への納入が相次いでいる。航空貨物の増加で設置が増えている。今後、物流関係はＥメールやＥコマースなどによる大量受注への対応ということで、立体自動倉庫の新しい需要があります。その延長でクリーンルームでの自動搬送車。半導体、液晶関係に注力していますが、ＩＢＭや日本のメーカーからも受注が増えています」ということで新しい分野の成長も期待される。

情報通信社会の進展で通信ネットワークの価値が新世紀のビジネスの主役といわれている。しかし「方向はそうであってもベースには二次産業、モノがある。自動化、省力化で二次産業に従事する人は今より少なくなるでしょうが、二次が頑張らなければ。大量消費財などは海外の製品が増えるでしょうが、ますます高級品と二極化すると思います。高級品は高い技術力で対応していける」と二次産業の重要性は変わらないとみる。

ベンチャーを志す人には、福沢諭吉が明治の官吏に向けて「思想の深遠なるは哲学者の如くして……といっているが、理念を持つ、アイデアと健康、心根の美しさを求めたものです。アメリカでは成功するとパット大きくなり、引退して悠々自適の生活に入ったりする。日本の場合は、こういうケースは稀有で会社を続けますね。そのためにはアイデアがあること、健康であることがまず条件でしょう。哲学者のような深遠な思想、高尚な理念や心根の美しさを持っている人は少ないが、倫理観というのはこれから一層重要になりますよ」と、モノづくりの先輩はアドバイスする。

京都経済の特徴は地方から京都へ来て業を興した人達が成功する過程で京都を愛し、そういう姿をみてその人を中心にグループとか輪ができてきた。

村田も「京都の経営者で成功している人は親分肌でやり手。陣頭指揮で人を使う。人に好かれる。見識、徳を積んで行くと人が人柄に魅せられて、自然にその人を中心に人が結集する。こういうような人が成功する」と三十年を超える社長経験と、友人や知人の経営者をみて有能な経営者の条件をあげる。ベンチャーでも歴史のある企業でも「勝ち残るには実力と努力。最後は実力と努力。ピンチをチャンスに」と考えて、勝ち残る不断の努力、頑張りを強調する。

筆者はかつてファクシミリの取り組みについて質問したときも「ここまできたら安易に撤退などできない。生き残るのではなく勝ち残るよう頑張り抜く」という答えを聞いたことを思い出す。厳しいときは厳しいが、若々しくすごい頑張り屋さんである。こうしたところから肝胆相照らす創業経営者も少なくない。京都産業界のリーダーの一人でもある。

# 技術と成長分野への挑戦で

## 片岡製作所

代表取締役社長　片岡宏二

**◆ベンチャーを志す人達に◆**

ヒト・モノ・カネをミックスしてコントロールできること。耐えて学んで経営にいかしていくことです。しっかりした計画と決意を持っているならチャレンジすればよいでしょう。市場が受け入れ、またそれに応えられるモノがつくれるのなら、チャレンジすべきです。

技術力のある企業で着実な成長を、との経営姿勢を貫いてきたが、二年後には株式の公開が現実のものとなってきた。実家は歴史のあるかなりの地主であったが、電機やモノづくりが好きということで工業高校へと進んだ。卒業後、島津製作所に勤めていたが、何歳で独立しようということまでは考えてはいなかった。

独立のきっかけは昭和三十六、七年頃に京都市で初めての久世工業団地計画が具体化し、所有地が工業団地計画に必要ということで売却したが、この久世工業団地を核に周辺の開発が進み、周辺は工業地域の用途指定を受け工業化が加速された。大手企業の進出で土地を売却するなどから、農業の将来性も考えて二十代半ばで兄片岡宏之と決断し、研究所的な取り組みを経験の後、片岡製作所を設立した。サラリーマンからのスピンオフではあるが、先祖代々の信用や工場用地などの面で「財産は技術かアイデアだけ」というベンチャーよりは恵まれていたが、一からのスタートと変わらない状態であった。若かったことや技術系ということではあったが、独立は大きな決断であった。

**先端複合技術をベースに**

個人の電機研究所の形で数年電機と取り組んでから、昭和四十三年に片岡製作所を設立した。設立当初から技術指向で自社製品を模索していたが、ＩＣ時代を迎えようとしていた時期であったのでＩＣ用の直流安定化電源装置を開発。シリーズ化して量産しだした。続いてマイコンシステムを開発し、マイコンボードを発売するなど、企業としての実績を積みあげてきた。電源装置からマイコンまで開発した経験から、制御装置まで自社開発の産業ロボットに進出。ロボットから二次電池検査装置、液晶・半導体装置やレーザー加工機へ、着実に技術水準と業容を拡大していった。

現在、産業機械、制御システム、電子機器の三分野の先端複合技術をベースに、ハイレベルのシステムを提供できるまでにレベルアップしてきた。

主力製品は携帯情報端末やパーソナルオーディオ用ニカド電池、ニッケル水素電池やリチウムイオン二次電池などの電池検査装置、液晶ガラス基板供給・搬送装置、半導体製造装置、精密加工、高速度加工、高精度三次元加工分野のレーザー加工機などIT関連装置や、プロセス制御システムなど大型制御機器のほか電源装置、端末機、マイコンボードといった時代に応じた商品である。戦略的に主力機種を絞りこんできた結果である。

特にアルミ溶接レーザー加工機では国内で八〇％の高いシェアを持っている。海外でも五〇％のシェアという。「何年か先にどういう技術が求められるか。製造装置は……と考え」てやってきた結果である。ここまでくるのに決して平坦な道ばかりではなかった。バブル期でも不動産や株など見向きもせずに本業ひと筋で頑張ってきたが、それでもずいぶん苦労した。「バブルを経験して初めて本当の経営者になれたように思う。いろんな障害を乗り越えてきました。強さというものは経験しないと身につきません」と当時を振り返る。

若いころから心構えのしっかりした経営者であったが、自分自身が本来持っている資質以外に、創業に当たって知り合いの大手企業経営者から教えられた。「私利私欲のために事業を興すという考えがあるようなら長続きしない。社会に貢献し、社員を大切にする、そういう気持ちがないなら本当の経営者になれない。それができないなら町工場のおやじをやっていなさい」というアドバイスであった。片岡の事業観は、一、あらゆる面でオープンでなければいけない。二、社会に貢献するもの。三、企業は個人のものではない、の三点に集約される。

そうした背景もあってか、どちらかというとベンチャー的な物の考え方とか、最近のネットベンチャーなどにみられる乱高下の動きには、その当事者だけでなく関係者にも疑問符を投げかける。

経営には「ヒト・モノ・カネをミックスしコントロールすること。耐えて学んで経営に生かしていくこと。苦労したことに再び直面すると、今度は前の経験が生きて切り抜けられる」という。

起業家を育成するというのなら「苦労して立ち上がってきたものが本物である。安易ともいえる資金的な支援より開発助成金を出すとか、公的機関で試験をしてあげるとか設備を貸与するなどの支援が本筋ではないだろうか」と経験を踏まえて発言する。

社内ベンチャーや分社化については「大手企業なら分社や社内ベンチャーも活性化には有効だろう。中小企業では規模的に難しいが、成長を見込める部門、戦略部門に人材や資金を集中的に投入してその部門を成長させているので社内ベンチャーに似たところはある」という。

現在売上規模は年間三十五、六億円。従業員は八十名という規模だが、技術重視できただけに技術者は三十人。博士号を持つ社員も誕生するようになった。技術陣は全般的に育ってきた。

こうしたところから久世工場の研究階には先端設備などを増設して技術開発は社内で行ない、生産や管理部門では可能なものはアウトソーシングするなど、「適数精鋭主義」とでもいうような方針を取っている。

平成九年六月に完成した久世工場にそれまで本社周辺に分散していた工場を集約し、効率化を図った。ＩＴ関連の製造装置を生産する工場だけに、いかにもハイテク装置生産工場という整然とした雰囲気のなかで装置が組み立てられているが、電池検査装置などは二十四時間フル操業でも追いつかないほどの状態にある。

企業としての体制はますます充実してきた。次の課題は株式の公開である。平成十四年には株式を公開する方針であるが、このときまでに年間売上高は五十億円規模を達成する方針だ。すでに、ここまでの見通しは立っている。これまでも技術指向の企業としての体制整備と着実な業容拡大を基本方針としてきた。これからは「一段と技術開発に積極的に取り組むとともに、企業として一層の発展を考えた経営をしていくと同時に株式公開企業としての経営責任はさらに重大となる」と決意を新たにしている。現在でも金融機関や生命保険会社などに株式の一部を持ってもらっているが、非公開企業であり取引金融機関が経営内容と経営者の経営姿勢を評価して株式を保有しているものである。

「つねに時代の流れ、技術的な変化や高度化を考えて、これに対応できるよう技術強化や経営をしてきたが、この方針は変わらない。五年、十年先を予測しての技術開発や戦略機種の絞り込みをしていく」としている。

株式の公開スケジュールやさらなる企業発展に向けて、本社・工場の用地も確保している。また、後継者については「能力次第である。息子も後継者候補のひとりではあるが、あくまで候補者であって後継者はバトンタッチするにふさわしい人物を」と考えている。ある創業者が二代目だけは息子に引き継ぎたい、といっていたが、後継者についてもオープンでフェアな考え方をしている。

これから起業を考えている後輩に対して「シッカリした計画と決意をもっているならチャレンジしなさい。当社も中小企業でありながら技術が認められて大手企業と取り引きできたことは幸いであったし、ここまで発展してこられた要因の一つである。市場が受け入れてくれたということでしょう。また、それに応えられるものがつくれたからでもある。下請企業なら発展にも限度があっただろう。自社製品を持つ企業を発展させるには時間と苦労が伴うがともかく挑戦しなければ……」とエールを送る。

京都でもこのところ再び上場する企業が増えてきたし、同社のように上場を予定している企業も何社もある。上場だけが目標ではないとする経営者も少なくないが、京都経済活性化のためにも上場できる内容の企業が多くなることは歓迎すべきことだ。企業の内容よりも高い評価を受けて事業を拡大して長続きしない企業よりも、着実に業容を拡大していく企業が出てくることは、ベンチャー企業のメッカとも評された京都の産業界にとって必要なことである。そうした〝伝統的風土〟を受け継ぎ、さらに新しい、多くのベンチャー企業が京都で誕生することを期待したい。戦後、ベンチャーから世界的な企業に大発展した企業に続いて、これからのベンチャーとの中間に位置する企業群の一社が同社でもある。

# 挑戦と保有技術の延長で分野拡大

## キョーテック

代表取締役社長　佐野　修弘

**◆ベンチャーを志す人達に◆**

中小企業もベンチャー的な発想や考え方をしていかないと生きていけません。ヒト・モノ・カネが経営には必要です。よいベンチャーでも日の目を見ないことがあります。本物でない事業は成功しません。

キョーテックの佐野修弘社長は、純然たるベンチャーから今日を築いた経営者ではない。保有技術の延長という形で事業の幅を広げてきたのだが、その過程でベンチャー的取り組みや異業種交流、分社も経験したチャレンジャー経営者である。

歴史的に遡れば型紙彫刻の職人であった父の佐野義男（故人）が昭和八年に佐野意匠型紙店を創業したというから、六十六年の歴史を持つ。その間順調に発展してきたのではなく、戦時中は旧満州で陶磁器工場を経営しており、佐野も敗戦後の混乱を外地で経験し、やっとの思いで昭和二十一年に帰国。〝本業〟の友禅型紙彫刻で再出発した波瀾万丈の時代があった。

昭和二十八年に株式組織に改組するとともに、スクリーン写真型部門を併設した。伝統の保有技術の展開による新分野進出の原点でもあった。昭和六十一年にスクリーン型の技術を応用して色・柄が自由に出せる装飾用化粧合板に進出する計画に取り組んだ。佐野が同志社大学を卒業した年だった。友禅型彫刻は労働集約型の仕事で従業員は二百四十人もいたが、経営規模は中小企業。保有技術はあったが、装飾用化粧合板は未知の世界。企業として下手をすると存立にもかかわる大転機であり、社運をかけたチャレンジといってもよい取り組みだった。従業員やその家族の生活を考えると、絶対に成功させなければならないというプレッシャーは、ベンチャービジネスを始める以上の厳しさだったであろう。

新分野進出の責任者は大学出の佐野だった。当時、印刷技術の講座があったのが千葉大学工学部だけ。一年間聴講生として理論や技術を学び、新規部門をスタートさせた。「一年間学んできたものの、生産するとなるとノウハウがない。苦労を重ねて小量生産はこなせるようになったが、中量生産になると混乱するという状態だった。恒温恒湿の工場でないから、気候の変化によって品質にばらつきがでる。また、納期を守るのに徹夜の連続」ということが続いた。頑張り屋の佐野も「建材進出は無理だ」と弱音を吐いたこともあった。しかし、こうして生産方法や技術力を習得していった。

生産面では思うような品質の製品ができるようになったが、次の段階として販売が大きな課題となった。これはという企業に営業活動をしても、新規の取引であり業界が異なるだけに、品質を認めて採用してもらうなど、信用ができるまでは大変な苦労だった。

有望市場として取り組んだ業種の一つに造船業界があった。「最初は売り込みの窓口も分からないし、商習慣の違いなど戸惑うことばかりであったが、だんだんとツボも分かるようになっていきました。品質を要求されるが信頼関係ができると受注量も増えていきました。そのうちに造船・客船フェリーブームで受注量が一気に拡大すると同時にメーカーとしての基礎ができました」というラッキーがあった。

「本当に一から手がけただけに喜びも大きく自信にもなった」という。若くして、ベンチャーのように取り組んだ新規部門の結実までの苦労と経験が経営者としての自覚と成長につながった。

造船・フェリー業界向けの内装建材の受注は建材メーカーとして経営面、技術面で大きな収穫であったが、日本がいつまで造船王国を誇っていられるかという将来性の問題もあり、ブーム的な活況は長続きしないと考え、住宅用建材に重点を移していった。ずいぶん思い切った転換だったが、船舶の内装用建材のポリエステル化粧板の生産は、どちらかというと労働集約型でもあったので、この先見性に時代が後押ししてくれたのか、住宅やマンションの建設が年々増加を続け住宅用のＤＡＰ化粧板のウエートが高くなっていった。

「建材部門については苦労しただけに愛着もあり発展願望は強いし経営の柱です」という。

売り上げの八三％が建材部門で、造船関連向けはわずかに七・五％に止まっている。

現在は、新築用建材としてと同時にキッチンやバスのリフォーム用の内装材のＵＶ塗料光照射の建材が中心になってきている。技術的な進歩と重点分野のシフトもうまく運んでいるようである。ＵＶ建材は宮崎県の協力工場で生産している。

分社の経験もあると紹介したが、着物型（切り型）は和装産業の現状と将来性などを考えると「採算的にもわが社が扱っていくのは無理。伝統産業を守るというようなきれいごとでは不採算部門の改善は無理」と判断して全廃。服地・プリント用のシルクスクリーン型の部門を平成十年にキョーエースとして分社した。

部門長を社長に就任させ、資本的にはキョーテックが五一％。四九％を新社長以下従業員に持たせた。社内ベンチャーといってもよいかもしれない。分社の効果はすぐに現れた。分社以前も「部門別の採算を追求してきたと思う」が、分社して三ヵ月目から黒字に転換した。「分社すれば無駄な費用もかかりますが、社員のやる気が違っていました。必要なら良し悪しは別にして、土曜日も日曜日も出勤して仕事をしました。また、それぞれの経費削減の意識も高まるので実現できた」と思っている。今では着物型を生業的にやっている家庭の跡継ぎが同社に就職するようになっている。

## “次世代” 成長分野も手応え

将来を期待されるのが十五年前に進出したエレクトロニクス部門である。将来性があるから進出したのでなく、型紙やエッチングの技術を生かす保有技術の延長として取り組んだ。この新分野進出は当時社長だった兄佐野友泰と専務の佐野との経営の決断であった。この部門は現在会長の友泰が責任者として部門の拡大に取り組んでいる。導電性のインクをシルクスクリーンで印刷したパソコン用のプリント回路や、金融機関の現金自動預払い出機（ＡＴＭ）や、電車の券売機に使用されるタッチパネルを生産している。

まだ一二％程度のウエートだが「高密度、高精度プリント技術が確立できたし、独自の技術も数点持つことができた。さらに、期待の持てる技術開発も進んでおり付加価値が高められる」ようになってきた。筆者も本業に力があるなら取り組んでみては、と新分野進出を勧めたひとりだけに、これまでの経験が花開くのが近いことは喜びでもある。

このような経験を通じてベンチャービジネスに対しては「中小企業もベンチャー的な発想や考え方をしていかないと生きていけない。経営にはよくいわれるようにヒト・モノ・カネのバランスが必要。よいベンチャープランでも日の目を見ないこともある。メッキははげるといいますが〝本物〟でないと事業は成功しない。何時でもあらゆる問題を点検しながら経営しています」という。

つねに数年、十年先ぐらいを考えての経営をしている。基本的には保有技術の延長で成長分野に挑戦することでやってきた。現在は次の世代の新しい柱を模索中である。その候補の一つが、DIY感覚で施工できる新しいリフォームパネルである。薄い・軽い・美しいという特徴をもったパネルで両面テープと接着剤で貼れ、カッターナイフで簡単に切ることができる。テスト施工は完了しており、大手が販売を申し入れてきている。模様入りはブラックライトでくっきり浮かび上がるので、風呂のパネルから室内装飾まで用途は広く期待が大きい。大口需要から工務店、大工さんなど小口の需要まで受注の翌日には届けられるよう東京、大阪、九州の三カ所にストックヤードを開設して、本格販売開始に備えている。

経営内容は、建材部門だけをみても、造船主体の建材から住宅用、住宅用でもユニットパネル、さらにリフォームにと変わってきており、その他にも電子部門も飛躍が期待されている。規模も平成十二年の第九十八期見通しで八十六億五千万円。二年後の第百期には百億円を目指している。よい内容の会社として次世代につなぎ、さらに発展を続けるためには人材の育成も欠かせない。社員自らの意欲がこれを助けることは分社で証明されているが、人材は短期間には育たない。そのため社員にやりがいのある制度づくりを考えており、例えばボーナス以外に年四回、業績に応じて利益の一部を還元するなど、それぞれの貢献が収入増として具体化されている。「次の世代に新しい柱となる部門をバトンタッチしたい。それを大きくするのは次の世代でよいのでは」との考えで日々チャレンジしている。

# ガレージから上場企業へ

サムコインターナショナル研究所
代表取締役社長　辻　理

**◆ベンチャーを志す人達に◆**

もうＩＴは古いからやめなさい。成功するには人並みの努力だとか、仕事も家庭も両立させたいというのはダメ。最初の何年間かは家庭を省みないくらいでないと成功しない。学生の感覚でやれるものもあるが、学生ベンチャーは未完成のアマチャー。サラリーマンを辞めて取り組むならかなりの準備が必要となります。

アメリカではベンチャービジネスのスタートがガレージや倉庫からという例が多く、ガレージカンパニーと表現される。サムコインターナショナル研究所も、二十一年前にビルのガレージからスタートした。

大学を卒業後、京都大学でプラズマの研究を行なっていたが、研究論文がきっかけとなり、ＮＡＳＡ（米国航空宇宙局）のエームス研究所の研究員となった。研究所の研究員とか技術者であり続ける意向を持っていた。だからベンチャービジネスを興すとか企業家になろうとの考えはなかった。帰国後、関西の大手電機メーカーから太陽電池用のアモルファス・シリコン薄膜形成技術の開発依頼を受けたことから、昭和五十四年に創業して二十一年になる。平成十三年春には上場が決定している。起業家になることは考えていなかったというものの、創業してからは高度な薄膜形成技術と卓越した経営力を発揮して、世界が認める企業へ着実な歩を進めてきた。

決断と実行力の一端を示すものとして、創業の翌月に京都で日米の薄膜技術者による第一回薄膜技術者会議を開催している。その後、このセミナーは毎年のように開催され、すでに十二回を数える。翌年には半導体プロセス用大型CVD装置を開発、販売を開始している。三年目には国産初の化合物半導体製造用MO—CVDを開発。日本の大手電機メーカーがベンチャー企業の製品として評価、採用してくれないのを機に、アメリカのインテル、モトローラーやIBMなどに輸出し、この実績によって日本の企業にも採用の道が開けたという。

アメリカでの研究生活の経験があったとはいえ、これも世界的な企業が評価する高度な技術と経営判断があればこそといえるのではないだろうか。同時にアメリカのハイテク大企業は「新しいもの、魅力的なもの、価値あるものには、直ちにアクションを起こす。評価をすれば一週間以内に発注してくれる」ことを経験し、フェアとフリーを再認識した。

その後も世界初の紫外線—オゾン併用の新型フォトレジスト除去装置やUVドライストリッ

パーＵＶ―１型の開発、国産初の光ＣＶＤ装置の開発など次々と高水準の開発を行なってきた。世界的に評価の高い開発を続けているといっても、研究開発設備や製品を評価する設備などは思うように揃えられない。そこで京都大学をはじめ地元の大学の設備を使わせてもらったり、知恵も借りた。現在は逆に地元の大学をはじめ各大学の大学院生の研究のため同社の研究開発センターを開放しているが、これには「いまでは当社の設備のほうがはるかに優れているし、過去の恩返しの意味もある」という。さらに、地元の大学でベンチャー講座を持ったり、京都市が新規事業の発掘・支援機関として設置した「京都市ベンチャー企業目利き委員会」の委員や今秋発足した「京都起業家学校」の講師を引き受けているのも、独創的な新しい企業が出てきてほしい、という思いからである。

辻は、いま日本を代表するような東京の大手企業をはじめ、多くの企業が産業新時代への対応に苦労しているのは、大量生産、大量消費時代の日本型経営から脱皮できていないからだとみる。こうした経営を〝東京モデル〟と位置づける。これに対して、京都の企業に元気があるのは創業者経営者が多く独自性、意思決定の速さ、チャレンジ、責任、規模でなく利益重視など、経営効率を追求してきたことと、グローバル化が進んでいるからであると分析し、〝京都モデル〟と呼んでいる。そして、京都が企業発展やハイテク型企業の高度成長に適した条件がそろっているかといえば、必ずしもそうではないと断言する。一般的に、一、土地が高い、二、他府県人には冷たい面がある、三、大学都市といっても門戸が開放されているわけではない、四、生産財企業に対して地元にユーザーがない、など起業するのに意外と条件的には厳しい、と分析している。自分の経験からの発言だけに説得力がある。

### 世界が認める高い技術

勿論、京都には企業が成長する要素もあるが、こうした立地条件にもかかわらずハイテク型、ITに関連した急成長企業が続出した。近くに手本となる先輩企業があったことは幸いであった。創業当初から全国に、世界にユーザーを求めなければならなかった結果、独創性と、企業の進むべき方向が時代の流れを先取りしていった。また、独創性の追求や意識的にニッチ分野を深耕して、他の追随を許さない技術力で〝全国型〟や〝グローバル型〟企業としての地位を確立したのである、という。

ちなみに同社の京都企業との取引ウエートは、二%しかない。他の生産財メーカーでも同程度か、もっと低いところが多い。経営者は京都より東京をはじめ、全国、海外での活動の時間のほうが圧倒的に多く、「私も半分以上が東京や海外へ出ている」状態である。

ベンチャービジネスに対して一家言を持ち、ベンチャー成功のための多彩な活動も「これからベンチャーに挑戦する人の役に立てば」との思いからである。「ITは古いからやめなさい。

成功するには人並みの努力だとか、仕事も家庭もというのではダメ。仕事が大好き、最初の何年間かは家庭を省みないぐらいでないと成功はおぼつかない。また、一発必中であっては長続きしない。二弾目、三弾目の確かなプランがあってこそ成功するのだ。資金調達でも金融機関を説得、納得させられるだけの計画でないと通用しない。学生ベンチャーというのは未完成のアマチャーをいうのと、学生の感性でやればよいものとがあります。脱サラベンチャーは決意がしっかりしていないといけない。かなりの準備や資本も必要。ベンチャーに共通していえることは販売力が弱い。買ってもらえるだけの技術力、製品であることが必要条件である。企業として発展するならコアを持たなければいけない」と力説する。

成功したからいえるのだとの見方があるかもしれない。しかし「年間一億円の売り上げになるまでが、五億円、十億円の規模になるよりはるかに難しかった」と振り返る。辻に限らずベンチャーから大発展した経営者は、こうしたことをクリアして今日を迎えたのである。

ベンチャーは上場してからが本当のベンチャー企業としての第一歩ともいわれている。同社は平成十三年初めに上場が決まっている。

平成十二年度は売上高三十三億五千万円の予定だが、「事業規模百億円までは最先端の薄膜技術を核に半導体、光通信分野などＩＴ関連を中心に計画を立てている。しかし、ＩＴもいずれ成熟期を迎える。キーテクノロジーの薄膜技術を生かして、環境分野やライフサイエンス分野にも進出する考えである。環境関連では数年前にフロンの固形化技術で特許を取得しているほか、大手ビールメーカーと何度も再利用できるビール用プラスチックボトルの開発を行なってきた。近く実用化される段階にきた。ライフサイエンスでは難しい人工心臓の表面処理を薄膜技術で簡単にできる研究を進めている」など次世代戦略分野の開拓も緒についてきた。

同社の強みは世界最先端のキーテクノロジーを保有していること。技術開発のため国内外の大学、研究機関と共同研究を行なっているが、強誘電体の研究強化のため平成十一年末にはイギリスのケンブリッジ大学に「サムコ・ケンブリッジ・ラボラトリー」を設けるなど技術開発面の拡充も着々と進めている。「長期的には三百億円規模を目指したい」と夢は膨らんでいるが、あくまで最先端技術をベースに、選択と集中で技術が評価される企業を追求して行く方針である。

# ベンチャー的企業集団を増やして

## 竹中センサーグループ

会長　竹中　新策

**◆ベンチャーを志す人達に◆**

日本の大学の研究室にも結構ベンチャービジネスに結びつくテーマはあります。ベンチャーが成功するためには、成長市場に挑戦すること。自分の得意分野で人一倍の集中と努力を惜しまないこと。難しいのは販売であります。取り組むならとことん挑戦する継続力が必要です。

日本でベンチャービジネスを始めるのは、勤め先を辞めて挑戦するというケースがほとんど。アメリカのように大学生時代からとか、卒業と同時にベンチャーに取り組むとか、大学の研究室から転じるというベンチャーはまだ少ない。竹中センサーグループの竹中新策会長は、大学の研究室で教育効果測定装置を開発したのを機に独立した少数派である。

日本の大学にはベンチャービジネスに結びつくような研究は少ないともいわれているが、竹中は「研究室には結構ベンチャービジネスに結びつく研究テーマがある。学生や研究室のなかからベンチャーをやろうという人が少ないだけ。アメリカなどでは優秀な人材がベンチャーを始める。その典型的なのはスタンフォード大学。シリコンバレーの研究室から研究員や学生が起業する。先生も後押しするという積極的な空気にあふれています。日本の大学もそういう方向にいくのがよいと思いますが」という。体験者が断言するのだから、研究室などで起業できるようなシーズがあるかどうかは、センスとか自分のやりたいテーマに出会うかどうかということだろう。

立命館大学工学部電気科を卒業後、京都大学の教育心理研究所の研究員になり、教育効果測定装置を開発した。それは今から四十年以上前のことで、いざ独立するとなると先生たちに猛反対され、「いくつか大手企業の名前をあげて就職するなら推薦してやろう、とまでいって引き止めてもらった」。しかし、中学生時代から電気が好きで大学も電気科。研究室でも電子機器の開発と電気関係一筋できた。中学時代から将来は電気関係の会社をつくると断言していて、同級生から進路がハッキリしていて羨ましがられたほど将来を考えていた。それだけに測定装置の開発を契機に研究室を辞めて独立するという気持ちは固かった。

開発した装置のレベルは高かったが、研究室にいての開発だったからいま一つ市場調査が甘かった。高価で市場も教育関係だけに限られていて狭く、期待したほど売れなかった。しかしここからの転換が早かった。進路を再検討してオートメーションの時代がくるとの見通しをたて、光電子センサーへと方向転換したのだ。

昭和三十四年六月に京都の繁華街、河原町三条の近くの事務所の二階で、竹中電子工業の本社としてスタートをきった。三十五年当時、訪問すると階段に自社製品のセンサーがセットしてあって来客を知らせるようになっていた。昭和三十六年に我が国初の光電子センサーの基本形を確立。独自のセンサー技術で関連分野の各種センサーとその応用機器で高度化を進めてきた。

## 分社で活力、特化を推進

創業から十年ほどするといろんなセンサーができてきた。「市場、ユーザーのニーズに的確に対応して、日本一、世界一の製品をいくつ持つか。その動きにより効果的に対応するには、一つの会社で大きくするのではなく、それぞれ別会社にすることによってセンサーが特化して伸びるのではないか」と分離独立させた。これが独自の専門知識を持ったベンチャー的集団の竹中オペサテシステム（オペレーションサテライトシステム＝ＴＯＳ）。

現在、統括本部の竹中グループセンターのほか、セキュリティ・情報機器の竹中エンジニアリング、光電子機器の竹中電子工業、レーザー光線機器の竹中オプトニクス、目視検査機器とマシンビジョンカメラの竹中システム機器、車両・道路・交通・駐車場用センサーの竹中メカニカ、プライベートアラームのセキュリティハウス・センター、保安・防災・民生用センサーのパルニックス・ジャパンの国内八社と海外四社のグループを持つ。

アメリカ・ヨーロッパなどを含めると独立事業会社は十一社にまで増え、竹中グループセンターが統括している。この方式だと小回りが効き、それぞれの会社が競い合うということで、一社にまとめるより活力を引き出せる。活力源の一つには、グループセンター以外は事業部長といった幹部が社長になり、経営手腕を発揮できるようになること。トップが輝いてくると企業は伸びる。社員も竹中一族でなくても社長になれるとなると組織の活性化にもつながる。資本的にみたら同族経営だが、運営面では非同族経営にしたいという狙いは間違っていなかったようだ。

ベンチャーから四十一年。光電子センサーでは確固たる地位を築き、大きなシェアを占めている。平成五年、アメリカのシリコンバレーにセンサー・マシンビジョンカメラの研究開発と製造販売のパルニックス・アメリカの本社工場を完成させたほか、セキュリティ・情報機器の販売会社パルニックス・センサーを設立。アメリカでの研究開発、販売、情報収集力を強化しているほか、ドイツにも現地法人を設立するなど国際化が加速してきた。アメリカやカナダなど海外でグループの製品が民間や官需にもどんどん採用されてきており、国際的な話題も豊富になってきた。

部門別に特化して分社経営システムをとっているため上場はしていないが、間違いなく〝京都戦後派ベンチャー〟の成功者の一人に数えられる。

これから起業する人達に成功するための基本的な姿勢として、一、今後伸びていくような市場に挑戦する、二、ハングリー精神、成功するまでとことん挑戦する、三、難しいのは販売である、という。「好きなら立ち上げから何年間は没頭することができるはず。一つ当てて金儲けをしたいという考え方では成功が難しいだろう」と自分の歩んできた道を振り返る。だから「流行やブームに乗って業を始めるのでなく、あくまで自分の得意分野の仕事をすること。体質にあった仕事なら好きになれる。あれやこれやと目移りしているようではダメ。簡単には成功しない。成功するためには人一倍の集中と努力が必要で、それができないようではカベは乗り越えられない。キッチリした計画を立て実践することが大切である。やるからにはトコトン挑戦する継続力は必要だが、一般的に最近のベンチャーの人達は成功するまで挑戦するという面で甘いように思う」とアドバイスする。このアドバイスはモノづくりという二次産業分野のベンチャーの成功者の共通した考え方である。ソフトやネットという三次産業分野の成長が大きいといっても、起業率が倒産・廃業する企業数より下回っているようでは日本の産業は活力を失ってしまう。

「我々が業を起こしたときよりベンチャーキャピタルをはじめ、いろんな支援策があり、社会的にも理解が深まっているのに十年以上続く企業は少なく、それまでに倒産してしまう企業が多い。これは、ある段階まで気を抜かずに経営に当たるという点で、どこかに妥協があるからではないか」とみている。さらに、一獲千金が狙えるような業種についてはこうした分野での挑戦は否定しないが、「スピードが必要であり、競争も激しいし、大手も参入してくる。このことを考えずにアイデアで勝負ということでは成功はおぼつかない」と考えている。

グループの今後の方針は、中、長期計画で何年にどれだけの規模にするというような目標を立てるという、規模を追求する〝全天候型〟の企業を追求するのでなく、「あくまで専門のセンサー分野でどれだけ日本一や世界一の製品を持てるか。今年はいくつ持てるか、技術力、販売力という〝質〟を重視していきたい」という。それによって「分離独立させる部門が育ってくればオペサタシステムに加えていく」方針。フロンティア精神で可能性を追求するベンチャー型企業集団は世界を視野にチャレンジを続けている。

# 学歴無用、チャレンジを永遠に

晩電機製作所

会長　西河　勝男

**◆ベンチャーを志す人達に◆**

ベンチャーは十社に一社成功すればよいわけです。すべて成功させようというのは間違っている。だが、京都にはうまくするとベンチャー全員が育つ土壌があると思う。他都市では何々型ベンチャーというような取り組みが必要だが、京都では半分以上残れる可能性があるように思います。

暁電機製作所、西河勝男会長の事業への取り組みも、ベンチャー成功のひとつのケースだろう。京都市ベンチャービジネスクラブの中心メンバーであり、代表幹事の経験を持つ。また、京都、滋賀県での各種団体の役職を務めるなど中小企業、ベンチャー振興に活躍している。

経歴的には家庭の事情から中学校を卒業後、島津製作所の関連会社に就職するとともに定時制高校を卒業した。決して恵まれたスタートではない。だが、電機関係のモノづくりが好きだったことから「やってみようか」と二十八歳で個人創業。昭和四十四年に暁電機製作所を設立した。

当時独立する人が一時増えた時代ではあったが、二十歳代の創業者というのは非常に少なかった。外見は固い感じ、真面目という印象が強いが、非常に積極的で活動的な一面を持っている。こうした性格と学歴が若くしての独立につながったともいえる。

現在は従業員約百名で、マイクロエレクトロニクス・マイクロコンピューターを応用した各種システムとシステム機器の開発・生産をしており、各種精密機械の制御装置、料金清算用端末機、音声合成装置、各種データ収集・処理装置などを開発している。積極性のひとつの実例として平成十一年には、六十歳で放送大学に入学している。定年後というのなら昨今増えているだろうが、社長の椅子は後進に譲ったとはいえ創業者会長である。社長を譲ったからということで関係団体の役職が増えるケースも多い。そうしたなかでの放送大学入学である。

西河は、「いまの京都人の源流は、土着の人達と、技術を持った渡来人達と、千二百年前の平安遷都で京都へ来た人達の混交から始まり、日本の中心になった。大きな転機は四回あった」とする。「基本的性格が形成されたのは応仁の乱で京都の町が焼失、復興の道を歩みだしてからだろう」とみる。

京都人の基本的性格というのは、はっきり物をいわないとか、あちらにもこちらにもいい顔をするとか、やんわり物をいうなどをいう。近代化へ向かったのは明治維新後だったが「維新で活躍したのは地方の下級武士達で、外の空気に敏感だった人々。東京遷都で京都の地盤沈下が起こり、国と京都人が近代化事業を推進したとき。最後の転機は戦争で焼けなかったので千二百年の財産が残っていた。他都市がゼロからの出発を余儀なくされたのとの差があった。このような変遷を経て京都人の性格とか産業の特色が形成された」とみている。排他的な面があるが、それに負けていない人が成功している。

三代ぐらい続いて流れのなかで京都らしさが身についてくると一般的にいわれているが「これがよいところでもある。京都人は製造したり販売する製品へのこだわりが強く、事業、家業を大きくせずに内容を重視する経営を続けている。オーナーの能力以上に広げず、中小、中堅企業レベルでそれぞれ特色を持っている。層の厚さができているのでしょう。また独自の経営思想を持ち、住み分けてケンカしない。隣をみて自分のところもキッチリするという共生の思想が働いている。技術には敏感でそれぞれのものを持っているところが意外に多い。底力がある」が京都産業界、産業人の特徴とみている。

## 京都にビジネススクールを

京都市ベンチャービジネスクラブや他の経営者グループと「京都にアメリカのハーバードビジネススクールを誘致するなりしなければいけない。アメリカのビジネスの善し悪しは別にして、日本にはビジネススクールがない。経済学部とか経営学部しかない。京都起業家学校もスタートしたが、業を起こすということではビジネススクールではない。ベンチャー、起業する人を対象にして入学試験はビジネスプランで選考する。そうでないと業を起こす人が出てこない」と語り合っている。

ビジネススクールを卒業した人が起業する際に資金が必要になる。「卒業者に起業資金を、株式会社の資本金となる最低一千万円ぐらい貸してあげるということをすれば新しい企業が出てくる。ベンチャーは十社に一社が成功すればよいわけですよ。全てを成功させようと思うのは間違っている。だが、京都はうまくするとベンチャー全員が育つ土壌はあると思う。そこがアメリカのベンチャーと違うところだと思うのです。雨後の筍のようにベンチャーがでてきていますが、東京や大阪でやるとあまり残らないように思う。ところが京都では半分以上残れる可能性があると思う。それが京都のよさ、土壌であるが、最近は独立して勤めていた会社が応援してくれるケースが少なくなったように思う。自社の優秀な人材が独立するとき、どれだけ応援していくか、どこまで応援できるかもカギですよ。本当に京都の産業界を活性化させようとするならそこまでしないといけない。三十代から四十代の人達のうち本当に独立する人は二、三割でしょう。また、京都以外のところでは何々流ベンチャーでないと成功しない、成功の確率が低いのではないでしょうか」とベンチャー育成や成功の条件を考えている。

西河達のベンチャーグループでは、これから出てくる人達に対する支援策だけでなく京都産業全体の活性化、〝京都甦生（再生）〟についても「京都をあらゆる面で甦らせなくてはいけない、経済の再生はどうするかいろいろ話し合っているんです。基本的には京都人が千二百年の歴史から脱皮しなければいけない時期にきている。どう脱皮するか。ひとつは衰退傾向にある産業をどうするかであり、伝統なりにしがみついてなぜ転身ができなかったのか。それは伝統や伝統を含めた財産があったからそうなった。成功、成長しているところは脱皮のため大胆に経営を改革してきた人達がいた。こうした分野以外はだいたい発展している。近代工業部門はすごいものがある。自治体も振興のためにどのようにウェートをかけるかが難しい。自治体からはいえないだろうが、自己改革をしない業界や意欲のない経営者は放っておかなければしようがない。改革意欲のある人たちには支援の手を差し伸べるなり、事業転換などに協力していけばそれは成り立っていけると思う」。

さらに「京都に革命を起こさないといけない。それは千二百年培ってきたものを創造のために一度破壊をして、もう一度再構築しよう。モデルがあるとすれば近代産業である。具体的には、そこそこやっていけたらよいというのはやめる。もう一段上を狙って、常に挑戦しましょう。新しいことを取り入れていきましょう。何かあるだろう。京都はかつてそういうことを続けてきた都市だと思うんです。経済的な戦火にあったと考えて、京都経済の再生を図らないと活力が出てこないのではないか。中小企業なりに頑張ろう」と語り合っているとか。ちょっと聞くと何と大胆な、というように受け取れるかもしれない。これは、みんなで元気を出していこうというもので「会合に出席したら誰かの元気をもらって頑張ろう。自分も元気な情報を発信する。情報やヒントだけ取りにくる人は辞めていくし、そういうことはやめよう」といろいろやっている。

これからのベンチャーには「まず発想と意気込みでチャレンジすることだが、成功させるには自分の力を知って着実に進むことでしょう。壁にぶちあたったとき、越えるのは自己改革であり、越えるとひと回り大きくなれる」と自分の体験からアドバイスする。京都のベンチャーのひとりとして、これからの起業家支援のひとつの方策として「ナスダック京都」というようなものができれば、京都はもっと活性化する。大阪にあるからということでなく「京都の企業だけを対象にしたナスダック京都があってもいいじゃないですか。誰かが中心になって旗揚げの動きをしてほしい」という。

ナスダック京都が実現するかどうかは別にして、中堅層といえるグループ、個人が自社の経営だけでなく京都・京都産業界の将来について議論し、提案していくところに京都のすごさを感じさせる。ネットベンチャーなどの最近の動向を見ていると、投資する相手の〝顔〟が見えるミニナスダック設立構想というのは京都のようなところに向いているかもしれない。

# ソフトベンチャーの先輩

## ユニシス

代表取締役
社長　藤関　治清

**◆ベンチャーを志す人達に◆**

ネットやＩＴ関連の仕事をやったらベンチャーというのは安易すぎる。すぐにやれるだろうが、成功するのはごく一部だけです。いつまで続くかも疑問。一時ベンチャーは可能だが、企業として存続し続けるには次々と創造していかないと……。

ユニシスの藤関治清社長は、ソフトベンチャーの先輩であり、京都市ベンチャービジネスクラブの代表幹事でもある。滋賀県のソフト会社に勤めていたが、業界の将来性やユーザーを考えると京都に営業所を開設すべきだと提案した。これが受け入れられなかったので「それでは自分たちでつくろう」と数名で昭和五十六年に独立した。当初は自宅が事務所だったが、現在は本社と京都支店、大阪支店を持ち、社員が八十名。このうち七十四名が技術者という規模になり、創業二十年を迎える。独立の経緯からすると〝実質創業者〟なのだが、技術者ということで先輩などが先に社長を勤めた。

創業の時期もよかった。どんどん仕事があり順調に拡大していった。さらに、バブルの時代は新卒者でも通用したし、仕事量が増えれば高収入が得られたソフト全盛時代であった。こうした背景の元に「アメリカでは仕事をすればするほど評価され、ペイも増える」というのを参考に、何年間か売り上げを基準に報酬を決める、という人事制度を採用した。また、五百人体制を目指そうと東京、滋賀、神戸にも支店、営業所を開設するなど拡大路線をとった。

右肩上がりの時代はこの積極経営も一つの選択肢であったろうが、バブルの崩壊とともに仕事量がどんどん減ってきた。この制度だと好調なときは問題ないが、仕事がなくなってきたら報酬も減ることになる。制度の見直しの前に、もともと仕事の質や量の少ない社員が辞めていった。出来る社員はそう減収にならないから会社に残るわけで、社内で結果的に優秀な社員だけが選別される形となった。この時期、ソフト業界ではかなりの淘汰が進んだのはご承知のことだろう。

経済環境に大きく左右されることが経営上好ましくないのは同社だけに限らないが、特にソフト業界では優秀な人材の数が戦力となるだけに、新しい評価制度を打ち出した。それは「わが社が求める人物像はこれだと、基本能力、技術能力、管理能力、経営能力の四つのファクターをそれぞれの階層で必要能力として要求。それを基準にして達成すると報酬はどれだけということを打ち出したところ、また優秀な社員しか残らない。残ったのが八十人ほどということで現在の規模となった」という。

それまでは二次受け、三次受けというような仕事をやっていたが、「評価制度の導入とともに思い切って、ユーザーさんにユニシスのやった仕事だと分からないようなものは受けないようにしました。それでないと評価されませんからね。選択と集中でもないですが、現在の取引き企業数は十社もありません。リピートオーダーや大手のソフト部門として組み込まれている」。

社員の九〇％がソフト技術者で、営業はどうなっているのかといえば、「技術者そのものが営業マンを兼ねているようなもの。品質と納期、予算の三点を満足してもらえれば営業になる。信頼関係が高まり、手放したくないという関係になればやっていける」というが、これは取引先を絞り込んだからできることだ。

課題もある。自社ブランドが無いことである。ｉモードを使ったソフトに注目している。その一つがスケジュール管理、顧客管理、在庫管理とか営業情報を管理するソフトで、開発に力を入れている。

## 独立のタイミングと存続

藤関は会社が有望で必要な市場に営業拠点をつくらないなら自分たちでやろう、と独立したのだが、「決断は自分でしたが運もよかった。独立や起業は事業計画が優れているだけでは難しい。仕事があるとか、仕事が付いてくるのでなければやっていけない。独立したときに仕事があるというのも運でしょう。私の場合はタイミングよく仕事があった」と独立時をふりかえる。

もともと金融機関の大型コンピューターの故障や、非常時のバックアップ体制システムなど、金融系統に精通した技術者として知られていた。会社を辞める直前に、コンピューター会社から地方銀行のコンピューター運用システムの引き合いを直接もらった。会社を辞めることにしていたので事情を話したら新会社で引き受けろ、といってもらった。この話があったから独立したのではない。独立するときに仕事が舞い込んできたのだ。この仕事が完了したときには延べ三十人ぐらいでの仕事になっていた。これなどは運とも偶然ともいえるが、藤関の技術が関係者の間で認められていたからこそである。スタートのときにかなりの仕事があったので、独立当初の苦労が軽減された。ラッキーであった。冒頭に紹介したように独立からバブル期にかけて順調に規模も拡大した。恵まれたベンチャーといえるだろう。

しかし、平坦な道ばかりではなかった。「平成四年末頃が一番大変」だった。二代目社長が後を頼むといって入院し、亡くなった。創業者のひとりではあったが、技術者で金融機関のコンピューター運用システムには詳しくても、経理の知識は持っていない。銀行は「これ以上借入残高の増加は認めない」というから経費節減に努めたが、それだけではどうにもならないので東京、神戸、滋賀支店を廃止するなど荒治療もやった。銀行との対応などを通じて経理も分かるようになり、また評価制度が効果を上げだしてきりぬけられた。

ソフトベンチャーのひとりではあるが、こうした経験も経ており、今ベンチャーをという人達には「ネットやＩＴ関連の仕事だったらベンチャーだというのは安易すぎる。すぐにできるだろうが、成功するのはごく一部だけ。また、いつまで続くかも疑問。一時ベンチャーは可能だが、企業として存続し続けるには次々と創造していかないと一発屋で終わってしまう。ベンチャー事業を成功させるには、自分のメジャーというか、判断基準を持つことだと思います。私は元気に楽しくできればよいなぁ、を判断材料にしています。何かを始めるときに元気で楽しくできるかなぁ、と考えてみます。そう思えなければやめればよい。楽しくやれそうだと思えば取り組めばよいでしょう。楽しくと思えるならとことんやれるでしょう」とアドバイスする。

今後、顧客には満足のいく技術の提供、株主には配当、社員には評価の物差しである程度の満足、さらに情報分野で社会貢献ができれば……に取り組んでいく方針。具体的な行動として

「京都府、市を含めて情報化が遅れていると思う」と判断している。高齢者など情報に弱い人達に対してサポートできないか、所属している京都情報サービス協議会でも検討中とか。

トップは多忙だが、藤関は「ベンチャーのころは別ですが、社長は日常業務で忙しいというのはだめで、任せられなければ。そして、ある程度ひまがなければいけない。ひまがあると、考えたり仕事をみつけてくる。社長に求められる条件は健康でしょう。健康でないと仕事もできない。健康は自己管理、自己責任でないとどうにもならない」と社長の条件をあげている。

# 社会的要請に応える挑戦を

## 森川商店

代表取締役
社長　森川　敬介

森川商店は歴史を遡ると、創業は江戸末期の安政年間で、絵の具や練り墨など日本画の材料を商っていたというが、ハッキリしているのは祖父の代から。現在、合成接着剤、成形用樹脂、機能性油剤、消臭・抗菌剤、特殊洗剤、特殊ワックス、膠《にかわ》・ゼラチンなどの販売と紙工用接着剤、機能性油剤、成形用樹脂、消臭・抗菌剤などを製造している。社長の森川敬介は高齢化社会と環境分野の二つの事業にベンチャービジネス的感覚でチャレンジしている。

一つは高齢化社会を対象にしたもので、大手メーカーとタイアップして、同社の消臭・抗菌

**◆ベンチャーを志す人達に◆**

ベンチャーではありませんが、チャレンジ精神は負けません。当社の取り組んでいる分野なら、一緒に考えてみましょう。人との出会いや交流によって成長していけます。新しい取り組みについては信じて、努力することでしょう。

剤と、バインダーとしての接着剤を練り込んだ紙ナプキンや紙おむつを開発している。新製品開発のための実験中で、最終段階に入っている。このテーマは京都府中小企業創造活動促進法の認定を受けた。高齢化、介護というのは今後の重要なテーマである。ここにも人との出会いがあった。

専門分野である壁やふすま用の接着剤分野の需要は、住宅建築が急減しなくても和室が少なくなっていることから頭打ちで、競争も激しくなっている。「将来的には業績は頭打ち。伸ばそうとすれば価格競争になり、なおかつ拡販には疑問がある。それなら新分野をと模索していたときに、消臭抗菌剤を研究していた人と知り合い、同年だったこともあって意気投合」した。消臭抗菌剤と森川商店の接着剤の製造・ブレンド技術をドッキングして用途を拡大しようという取り組みをしていた。そうしたときに消臭抗菌剤入り紙おむつなどの開発の話。すぐにアプローチすると共同開発へと進んでいった。

「開発して二年になりますが当社の担当である薬剤の開発は終了しました。特許も申請しました。高齢化社会といってもこれからが本番といえます。介護のときにネックになるのが臭い。また寝たきりで体力が落ちると院内感染などの問題もあります。大手メーカーもそういう方向で製品化実験中です。大事な薬剤を当社でつくらせてもらえることに夢と期待を抱いている」という。また、機能テストや微生物培養テスト、焼却時のダイオキシン発生問題などは、母校の近畿大学農学部の恩師が焼却炉まで設置して燃焼テスト中。

いま一つはＰＥＴボトル（ポリエチレンテレフタレート）のリサイクル事業、「Ｍｏいちど事業」である。同社は廃品回収業でも処理業者でもない。きっかけは、以前から知っている人からの、クラレがＰＥＴボトルの廃材を再成形できる改質剤を開発している、という情報であった。この情報の前に、京都商工会議所青年部のベンチャー部会で京都工芸繊維大学に見学に行ったが、ペットボトルの再溶解であったので興味を持った。クラレとは取り引きはあったが、開発に興味のあることを話したところ、「もし開発でき、市販するようになったら代理店になってくれという話だった。代理店をという話はありがたいが、開発でき市販されるようになったら再利用が拡大するのだからリサイクル事業に取り組んでみたい」ということになったんです。

平成十年にクラレが開発した改質剤は、廃ＰＥＴからの射出成形を可能にし、再生品の利用範囲が拡大した。利用が拡大したといっても、容器包装リサイクル法の施行に伴い、ＰＥＴボトルの回収率は上がったものの、再利用率はまだまだ低い。現在再利用の七割が繊維に利用されており、品質のよいフレークからシャツなどの生地用繊維が、それよりランクの低いものはカーペットや自動車の内装に用いられている。このほか卵パックや植木鉢などに使用されているが、再利用が消費量に追いつかず自治体などでは収集したＰＥＴボトルを有料で処分している。

改質剤を添加すると射出成形品に再生できるため、廃ＰＥＴを排出する自治体や企業から廃材として引き取るのではなく、再生品の主原料として購入または引き取る。これを原料に自動販売機の空き缶やボトル入れやごみ箱（グリーンボックス）など利用可能な成形品として、飲料水メーカーや自治体など廃ＰＥＴボトルを出したところに引き取ってもらったり、一般に販売するというリサイクルを目的としたマネージメント事業を展開している。

### ペットボトルの〝Ｍｏいちど事業〟を

バージン物でなくてもよい製品に対して、余っているＰＥＴボトルを原料に再利用するということで、「Ｍｏいちど事業」というネーミングで事業を展開している。本格的にリサイクル事業に取り組んで間もなく、新しい柱に成長するまでには至っていないが、「自治体などの環境フェスティバルに出品するなどで、ＰＥＴボトル回収のマナーがどのように再利用されているのかを百以上の自治体にもＰＲ中。システム運用についてもオープンにしている。平成十二年の祇園祭にはリサイクルボトルでつくったうちわを二万枚作製。地元テレビにも取り上げられた」という。

また、企業の関心もぼつぼつ高まってきており、ＩＳＯ一四〇〇〇とかゴミゼロ運動なども、リサイクルを通して理解が深まりそうである。「今取り組んでいる二つの事業を立ち上げたい。Ｍｏいちど事業をインターネットで広く知ってもらうようにして、児童が集めたボトルをプランターに再生して、生物の時間に再生したプランターで花を植えるようなことができないか。実現したら環境教育にもなりますから……」との取り組みも考えている。

同社は二十人あまりの小さな会社である。「接着剤の技術、ノウハウは持っているし、のり屋であることはやめません。しかし、私が社長になってから七年間は将来のために新しい柱をつくることを考え、新しい情報にも反応してきました。会社として歴史は古いですが、ベンチャー的精神で取り組んできました。いろんな分野の人との出会いがこれまで新しい花を咲かせてきました。だから、同業の方でも工場見学はＯＫ」と開放している。こうしたところが事業の面でも人に恵まれるところであろうか。

樹脂や接着剤関係で起業する人には「アドバイスできることもあるかもしれません。相談してくださったら一緒に考えましょう。人との出会いや交流によって互いに成長していける。また、新しい取り組みについては信じて努力していく以外にない」と考えて挑戦してきた。

現在取り組んでいる二つの事業が軌道に乗れば大きな発展も期待できる。だが、同族経営を脱皮して、一社一社は大きくなくてよいが、五社程度の会社をつくりたい。一緒に苦労してくれた人達に社長になってもらえるチャンスができるからというのがその理由。それと第二滋賀工場をつくりたい。グループで年間売り上げは百億円でもよい。「タイガーマスク企業になりたい。これは小さくてもみんながあこがれ入社したいと思うような温かみのある企業」だという。そうした思いの一つが社会奉仕活動につながっているようだ。小さな子供から中、高校生までが暮らしている社会福祉法人積慶園に寄付したり、バザーには店を出したりして援助している。近い将来寮をつくり、ここの卒園生を社員として引き取りたい、との夢をいだいている。小さな企業ながら時代の流れに沿った、いろんな積極的な取り組みも一つの行き方として見守りたい。

# 伝統産業からもチャレンジできる

## 秋江

代表取締役社長　秋江　義弘

**◆ベンチャーを志す人達に◆**

伝統の中にもベンチャーができることを証明したように思います。研究開発、ベンチャー、起業には出会いも無視できません。また、新しい技術とのドッキングだとか活用もポイントになりますね。

秋江はベンチャーではない。創業は安政二年というから百四十五年の歴史を持つ。西陣織の金襴織物を使ったお守り袋の全国的なメーカーである。ところが三代にわたってのチャレンジャー精神で、現在全国の社寺で授符されている金襴のお守りを普及させてきた。

祖父が織物業を営んでいたが、全国を行脚してお守りを広めた。先代の喜八郎が戦後、西陣織の技術を生かしていまの定番的なお守りの原型をつくり、錦のお守り専業に特化した。三代目の秋江義弘社長はこれを引き継いで〝全国の社寺の専属工場〟といわれるほど信頼され、多彩でそれぞれ特徴のあるお守りや「えんぎもの」を製造している。

「大切に持ってもらうお守りだけに、どんなお守りでもつくれると同時に、きっちりした仕事をしなければと、多種多様なお守りをつくらせてもらっている」という。これだけなら当然のことであるが、二代のチャレンジャー的な血が流れているようだ。

秋江はコンピューターやコンピューターグラフィックス（CG）をいち早く導入するなど、新しいものに積極的に取り組む姿勢で西陣織物業界では異端児ともいわれている。伝統を守りながらもパイオニア的な取り組みをし、これまでの織物の常識を破る、一枚の織物の裏表で異なる図柄を同時に織れ、立体感のある「秋江彩美術織」（特許権取得）を開発した。西陣織という伝統産業であっても、デジタル技術との結合で新しい分野や用途が拓けることになった。こうしたチャレンジもあるのだ。

「高度な技術が生かされていても使ってもらわなければどうにもならない。いままであるものの延長線上で考えるのならどこでもできる。長い歴史のなかで革新的な取り組みをしてきたからこそ、今日の素晴らしい西陣織がある。しかし全てが美術工芸品ではない。伝統を守りながら新しいものにチャレンジしなければ」と雑音に耳を貸さずに取り組んで開発したのが彩美術織だ。

西陣織物業界で着尺や帯の色、柄を決めるのにCGを利用するようになってきたのは十七、八年前であった。西陣織協同組合でも情報化研究会の設置や研修会の開催などで技術習得や普及をはかっていた。筆者もCGの第一人者を講師として紹介したことがある。その頃から業界にコンピュターやCGの普及が進んだ。

## 彩美術織で新境地拓く

秋江は二十年以上前からコンピューター、CGを経営管理や生産に活用してきた。「伝統のなかにもベンチャーがある。世界中に新しいファブリック、ファイバー、ウィービングアートがある。伝統の技術と新技術をドッキングして新しい織物をつくれないかと、ベテランの織り手と共同で開発に取り組んできた」。このパイオニア的な取り組みが業界では受け入れにくかったということであるが、数年間の研究開発の結果、秋江彩美術織の開発で大きな成果をえた。作品は「弥陀三尊と三千院前景」など四点で、東京と山口県で開かれた「三千院の名宝展」で展示された後に三千院に寄贈された。

この美術織りの特徴は、CGの図柄を織物で表現していることだ。写真や絵画を直接コンピューターに読み込み、読み取った色調をそのまま織物に表現する。表現の方法は方程式を組んで赤・緑・青の三色に分解して、それぞれの色のドットで色を表現し、織物の糸の色の目をドットとしてすべての色を表現する。今回の作品では十四色を使用している。

また、ＣＧから織物の元となる紋型を起こすときに、ＣＧの一画素に対して織物の色も一色の色を入れられるように設計している。通常の織物なら、織物の裏面はネガフィルムのように表面と反対の配色になり、左右も反対になる。この織物では左右の表現の違いを解消するだけでなく、まったく別の図柄を一枚の布の表裏で立体感のある表現ができる。また、通常の織物だと作品をつり下げるための紐や竿を通す穴は作品ができあがってから二次加工するが、織り上げる段階で穴も加工される。

ＣＧでデータとして落とせるため、どのような対象でもつづれ技法で立体的な織物が比較的短時間で織れる。一面だけなら西陣織の伝統技術で織れるが、熟練の技が必要だし、製作に長い時間がかかる。できあがったときにキズなどが発見される場合もある。技術の継承も難しいが、これには熟練の織り手の技術がインプットされており、技術だけでなく感性も継承できることになる。国宝や重要文化財などに指定されている屏風や襖絵その他のレプリカが紙よりも強く、長さも自由に選べる。ホテルや会館など天井の高い場所の壁面やタペストリーなどに名画や風景などを表現して利用できる。

秋江は「経験だけではどうにもならなかったものが、名画や風景の一部を取り出して再現できるため広い用途が考えられる。いろんな新しい用途について意見や提案を待っている」という。挑戦が同社だけでなく西陣織にも新しい世界を開くことになることが期待されている。

西陣織物業界は、バブル崩壊後の長引く景気の停滞や、生活様式の変化などから苦戦を強いられているが、一部にはこうした時代の流れに対応していけない企業や考え方がある。

「モノづくりの伝統は素晴らしいものがあるが、消費者に受け入れられ売れなければどうにもならない。あらゆる面でモノは充足しており、心とか個人個人の満足が重視される時代になってきている。購買心理も変わってきている。いまは西陣織はやっていませんが、着物や帯なども価格やデザインなどを考えていけば、まだまだいけると思っています。伝統産業といえども産業ですから、経済性、経営を離れては伝統を守っていけない。時代の流れに乗れないと……」と業界の現状を見つめる。

いまはまだ数年かけた研究開発が実り、伝統産業のなかにもベンチャーがあるということを証明できたばかりという段階である。「〝本業のお守りやえんぎ商品〟の製造販売と、新商品の開発をさらに充実させていくこと。新開発の秋江彩美術織の用途拡大に全力投球しますし、新しい使われ方を積極的に提案していきます。新分野の発展、新しい生活様式に取り入れられることを期待しています。しかし、これだけで満足していません。全くの新分野への進出などは考えていませんが、織物の素晴らしい技術と新しいデジタル技術のドッキングによる新商品の開発は続けます」と意欲は十分。

今回の開発には、西陣織の高度な技術をもった熟練の織り手との出会いがあった。「研究開発やベンチャー、起業にはこうした出会いも無視できません。また、新しい技術の活用もポイントとなるでしょう。わずかな経験ですがどんな分野でもチャレンジすることと外部の専門知識とか機能の活用も有効、必要でしょう。また、ベンチャー企業へのさらなる支援もほしいですね」とチャレンジャーの必要条件をあげる。「二十一世紀のわが社の目標は喜びのビジュアライズ」とするが、どのような提案、新製品が開発されるか注目したい。

# 一業一社、開発試作に魅せられて

公共試作研究所
代表取締役社長　大貫　信彦

◆ベンチャーを志す人達に◆

リスクのあることを前提にリスクを少なくするか、リスクをヘッジする力を持つか、勘を磨くことも大切です。ともかくチャレンジしなさい。加速がついてくれば支援も可能になります。

中堅・中小企業を主体に機械、電気、電子に関連する新製品開発や支援作業、並びに省力化機械の設計、製作。また作業分析とアドバイスなど研究開発、支援業務も行なっている。機械の開発に興味を持ち、茨城県から国立鳥羽商船工専機関科を選んだ。全寮制でしごかれ、技術とか開発能力を身につけた。一方で、機械、技術は自分の思いどおりに行なえ、結果はすぐに出てくるが対象はものをいわない無機質なもの。この点にもの足りなさを感じて、同校を卒業後、いわば畑違いの立命館大学法学部にすすむ。

法学部を選んだのは「法律は人と人とのコミュニケーション」で、技術と対極にあるものと考えての選択だった。これが結果的に幅を広げるきっかけとなり、後年、開発や開発に伴う支援業務を本業にしたときに、相手先の開発に対する動機や真意をくみ取るのに役に立つことになる。開発を引き受けたり、サポート業務を行なうにしても最初は漠然とした部分があるが、コミュニケーションがスムーズに進めばイメージも取り込みやすくなるし、図面にも反映しやすくなる。

法学部へ進んだものの、本来は技術者。卒業後は大学の四年間を過ごした京都の良さが忘れられずに京都で就職することにして、自動車ディーラーの京都マツダに入社。特殊車や改造車の設計に従事していた。取引先の自動車用品関係の相談に乗っていたりしたことなどから、中小企業では開発スタッフや開発能力に悩みを抱えていることを知った。昭和四十五年に独立して京都試作研究所を設立した。

## 企業の開発をサポート

当時は、中小企業で自社製品を持っているところは少なく、自社製品を開発しなくても下請け企業として結構仕事があり、それなりに成長していけた時代であった。「中小企業の製品開発に役立つようにという気持ちで、今でいうベンチャーに挑戦したのに、中小企業からの需要があまりなく、失敗したかと心配になった」と振り返る。独立は時期尚早だったかと感じはじめたところ、中小企業からではなく中堅企業から開発や開発のサポート依頼が寄せられるようになった。

かえって中堅以上の企業の方が開発テーマが多いのに対してスタッフが足りないという状況にあり、開発テーマのオーバーフローしたものをアウトソーシングできるところがあれば依頼する、という引き合いが寄せられるようになってきた。これを契機に専門分野を特化して高度化するという狙いで、昭和五十年に京都試作研究所より機械、電気部門を分離し公共試作研究所を設立した。また、開発、関連業務の支援の一環として藤本昇特許事務所と提携、互いに役員を兼ねる形で独立採算制を取りながらグループ化し、専門分野の相互乗り入れをして、受託できる業務の幅を広げてきた。

経営の実情は一品物の開発で、一般の企業が引き受けてくれない対象が多く、コスト的にもシビアで収益という面では苦労した。また、発注先の経営に係わる開発だけに、対象は一業種一社、機密保持が絶対条件となるから引き合いが多くても断らなければいけないケースもあって、収益を確保するのに苦労した。また、広い分野をカバーしなければならないという厳しさもあった。これをクリアできたのは「若かったこと。開発が好き、チャレンジ精神だけは人一倍であったし、猛勉強もして技術の多様性を知ることができた」からである。とはいえ、経営的には自分の得意分野で開発したものを生産するほうが楽で、リスクも少なかったかもしれない。こうした開発の仕事は技術力を高めると同時に、横にも幅を広げていかなければいけないだけに簡単ではない。

しかし「経験を重ねてくると幅広い分野の技術や知識が依頼の開発に生かせてくるようになるし、依頼先が持っている技術力、経験を上回ることにもなる。この段階になるまでが大変だった」という。開発を引き受けたかぎりはやり遂げる。ギブアップしようとしたときでも、依頼先が理解してくれる努力をあらゆる角度からする。そうすると「信頼関係ができて、それっきりということでなく次につながる」ことを体験からも学び実践してきた。

依頼を受けた開発業務をこなす一方で、電気主任技術者、第一種電気工事技術者、一級ボイラー技師ほか多くの資格を取得していった。さらに平成十一年には中小企業診断士の資格もとった。こうした業種は、スペシャリストの集団でなければ仕事ができない。一時は、後継者育成も考えて大卒者を採用し十人規模に拡大し、人材育成が順調に進めばさらに拡大することを計画していた。ところが「一つの分野の開発で経験を積むのはいとわないが、幅広い分野の技術の習得、高度化で苦労するのは好まないとか、考えていたより大変だとかで、求めている水準の人材が育たなかった。世代の違いや開発にかける情熱に温度差があったため、人材育成には失敗しました」という。いまは、〝少数精鋭〟三人でやっている。「ベンチャーから大企業に発展するのが一番の成功例だろうが、私のような業種ならこれも一つの行き方ではないでしょうか」との見方をしている。

求める水準の人材育成はできなかったかもしれないが、結果的にはチームワークもよくなり、「失敗の経験を生かして相手会社の人材育成や経営戦略などがより的確にできるようになりました。また開発戦略か企業戦略全般を見る共同体としてより強くなるため、中小企業診断士(工業)の資格も取得した」と何ごとにも前向きにチャレンジ、経験を生かすという姿勢は変わらない。

大貫の経験から、今後は「技術者自らが創造性開発の努力を積み重ねて素養を養うことが大切。そのため、モノを見極めるのに定量的は当然のことだが、定性的な観点から考察すること。看る・見る・観る・診ること。技術の複合化が加速するので境界技術を習得すること。表面情報を取捨選択するとともに基礎技術を見直すこと。キャリア相応の課題が解決できないと恥ではないか、と自問することが一層求められる」とする。

ベンチャービジネスを志す人達には「リスクのあることを前提にリスクを少なくするか、リスクをヘッジする力を持つか。勘を磨くことも大切」という。また、ベンチャーに関心のある人達でも、多くの業種が成熟化の段階にあり新規参入が困難であるとか、ニッチ分野しかないとしてチャレンジに二の足を踏むという状態にある。大貫は「ニッチの定義があいまいである。

すきまで奥の深いものでなくくぼみである。くぼみがジグソーパズルのようになっており、自分が手がけているものや経営資源がうまくパズルの空白部分にはまるかどうかでしょう」と表現する。不定型で見えないときは山勘でなく自分のプランの信頼度などを背景とした勘も必要ということである。「ともかく走りなさい（チャレンジ）、加速がついてくれば支援も得られる」。ベンチャーに挑戦する人達を増やすには「いろんな支援策も力になるが、社会的に失敗したときのセーフティネットが必要。復活戦があれば経験は次に生かせる」という。

同社の今後の方針は、これまでのように少数精鋭で企業の開発、開発業務支援を続けることと、ここまでこれたお礼の意味も込めて、京都府特別技術指導員・技術アドバイザーをはじめ、自治体、団体などの技術アドバイザーなどを引き受けて、京都のために飛び回るつもりである。

# 規制の壁に真っ向挑戦

エムケイ

オーナー　青木　定雄

ＭＫオーナーの青木定雄は、モノづくりのベンチャーの創業者ではないが、古い歴史を持つタクシー業界の歴史を塗り替えた経営者である。これからベンチャービジネスを志す人達に一つの参考となる経営者の一人だといえる。青木は「お客さま第一の新しいタクシー業界」を拓いた男としてタクシー利用者に評価されている。規制が緩和されて新しい取り組みをやったのではなく、運輸省と正面衝突しながら規制の壁を切り崩してきたことで、新しい業界へのパイオニアとなってきたのである。

**◆ベンチャーを志す人達に◆**

経営者としていちばん大切なことは常に現場に入ることです。成功するには信じることと、粘り強く挑戦することです。継続は力なりというでしょう。

正当な理由があっても、許認可権を持つ運輸省と真っ向から対立するというのは、普通は避けてしまうだろう。それをあえて実行したところがそれまでの業界の経営者とは違うところである。乗客はそうしたことは知らなくても料金が安く、親切なタクシーとして利用している。青木は「お客さんに喜んでもらえるように、というのを第一に考えてきたからできたのだ」という。タクシー業界に限らずどの業界の経営者でも監督官庁の指導に従うだろう。それを〝あえて問題提起する〟ところは青木自身も血のなせる業かも知れないという。青木は韓国籍の経営者である。タクシー業界にも在日韓国人や北朝鮮人民共和国系の優れた経営者は少なくないが、青木のような行動をとる経営者はいない。チャレンジ精神が旺盛で、苦労してアイデアを実践して、今日のＭＫグループをつくり上げてきたのだ。

タクシー業界に入るまでは石油スタンドを経営していたが、「タクシーはもうかる」との情報をきっかけに、昭和三十五年にミナミタクシーを設立して、タクシー業界に参入することになった。免許を申請したものの十倍ほどの競争率だったので認可は期待していなかったが、運良く新規免許を取得できた。タクシー十台、運転手二十四人でスタートしたものの、欠勤ばかりと勤務状態が非常に悪い。出勤率の悪さの原因が理解できず、家庭訪問をしてびっくりした。「いのちを預かる商売だから社会から評価されなくてはいけない」との思いから運転手の家庭を訪問してみると、住環境の悪さ、狭いことに驚いた、という。

当時は夏になると、今のようにカーエアコンなどない時代だから、上着は着ないどころか、下着にステテコ姿というような運転手もいた。そこで、運転手の質の向上は生活環境の改善からと、タクシー会社としては新しい、駆け出しの会社だったが、ミナミホームセンターという社宅を完成した。同業は評価してくれるどころか、タクシー会社といえないような小さな会社が何をするのかとあきれ、ばかにした。そうした見方が当たり前だったのかもしれないが、業界の常識を破るようなことをしたのは、タクシー業界を知らない経営者だったからできたのかもしれない。従業員の住環境改善は、MK団地の建設という形で次々と行なわれた。このスタート時点の発想、実行が、打ち出すいろいろなアイデアや規制緩和に真っ向から対峙する原点であった、と見たい。

その後、桂タクシーや駒タクシーの経営権を譲り受け、傘下のタクシーは百台を超え、順次増車をしていった。これと平行してMK新聞の前身である「MK通信」の発行、身体障害者優先乗車、急病・出産・急用に対応するため深夜ステーションを開設。さらに全社員に日本赤十字の救急員資格を取得させるなどもしている。昭和五十一年には、ありがとうございますなど四つの挨拶をしなかったら料金を返す「MK運賃」運動を展開するなど、愛されるMK、市民のMK路線を進めてきた。

これらのサービスはMK独自のものであったが、タクシー行政、業界に一石を投じたのが昭和五十七年のタクシー運賃値下げ申請だった。それまで値上げをしても三ヵ月もすれば十%の増収になっていたが、乗車率の低下から値上げ分が回収できなくなってきた。そこで、業界で初めて運賃の値下げを運輸省（大阪陸運局）に申請したのだ。だが、同一地域同一料金を建前に申請が却下された。

普通なら監督官庁の方針に従うのが当たり前の経営感覚だが、この運賃値下げ申請却下に対して処分取り下げの訴訟を起こしたのだ。裁判の結果は、処分撤回の全面勝訴だったが運輸省は控訴した。平成元年になって同社の利用者を考えた取り組みを評価し、和解申し入れがあった。翌年、同社の考え方が認められたとして京都乗用車協会に復帰し、平均九・二%の値上げを受け入れた。これに対して「運賃値下げ訴訟に賛成した利用者への裏切り行為」という批判も甘んじて受けた。これを契機に他の業界でも規制緩和の動きが活発になり、こうした時代の流れも後押しして、さしものタクシー業界も規制のカベの一部が崩れだしたといってよいだろう。いわば護送船団方式に護られてきたタクシー業界にも新風が吹き込まれ、各社でも色々な新しい取り組みが見られるようになってきた。

## お客さま第一に

値下げ闘争とは別に、昭和五十八年にはハナエ・モリデザインの制服を採用したが、これで一段と運転手の乗務態度もよくなり利用者に安心感をあたえた。このほか英会話ガイドドライバー制度や禁煙タクシーなど、お客さん第一の取り組みが評価され、国内外の要人の送迎などにも指名されるようになった。また、平成五年には全国初のタクシー料金値下げが認可され、数社が同調するなど利用者にとっては朗報となり、全国的にも評価されるようになった。

冒頭にもいったように、普通なら運賃だけは業界と歩調を併せて〝波乱〟を起こさないものだが、青木は「お客さまに喜ばれると同時に業界にプラスになる」と断固自説を曲げなかったのである。ここに至るまでいろんなことがあったし、業界からみれば異端児であったが、利用者側からみると良い会社ということになる。「お客さま第一、損して得を取れ」という方針によって今日の評価を得たのである。内外から寄せられたお礼集をみれば一目瞭然だ。海外から寄せられた礼状のなかに、宿泊したホテル宛がありホテルの社長からも一筆添えて届けられたものがあった。この社長は海外通でもあり、筆者が三十数年前から知っているだけに、ＭＫが利用者に本当に評価されていることが分かる。平成十二年、ついに東京進出も実現した。東京での評価で完全に〝全国区〟となるのだろう。

こうした業界の常識に立ち向かえたのは「お客さま第一」に考えてきたことと同時に、タクシー業界には新規参入の、全くの素人であったからでもあろう。青木のやってきたことが全て正しかったとはいわない。ある面でもう少し根回しをするとか、アピールの仕方にしてもやり方があるだろうということを感じる。同じ思いの人達も多いことと思う。だが業界に新風を吹き込み、利用者にタクシーに対するイメージを変えさせたことは評価されなければならないだろう。

規制緩和に真正面から立ち向かえというのではないが、これからベンチャービジネスを志す人達にとっても参考になるところは少なくないだろう。青木は、ベンチャービジネスに取り組む人達に対して自分の体験を振り返りながら「経営者としていちばん大事なことは現場にいることである。成功するには自分の信じることにねばり強く挑戦すること。継続は力なりというではないですか」と語る。現在、ＭＫタクシーは京都で八百台、東京で百十五台、大阪でハイヤーを保有しているが、五カ年計画で京都一千台、東京五千台、大阪二千台に増車する計画を進めている。

# 波乱万丈のベンチャー人生

## 内外テクニカ
代表取締役
社　　　長　岩見　宜春

**◆ベンチャーを志す人達に◆**

ベンチャーは計画でも技術でも三年間練りに練りぬくこと、そのうえで実行する。それは会社なり、製品なりを作り上げることである。そうすれば融資とか支援者という形で事業資金がついてくる。

岩見宜春社長はベンチャーである。京都では事業だけでなく、都市計画、交通問題など次から次へと〝岩見プラン〟というようなアイデアを提案するアイデア社長として知られている。一例を紹介すると、平安建都千二百年のときに「全国都道府県のバス会社から五台ずつPRを兼ねてお祝いとして提供してもらう。これで無料のシャトルバスを走らせることができる。料金の支払いがないのと停車を限定すれば、スムーズな運行が可能で、観光客や人出が増えても対応できる」というもの。実現しなかったのでこのように運んだのかどうかは判らないが、こういうプランを考える人物なのだ。

果敢に挑戦する姿勢と普通より少し角度の違った視点からの発想、明るい性格などから、岩見を囲む会的な中小企業の経営者の集まりができている。社団法人アイデアセンターの理事長で、ノーアイロンシャツなど特許も多数持っている。一般にはタカパークのブランドで有名になった立体駐車場メーカーの経営者といえば、ああ、あの会社の社長か、ということになるだろう。

山口県の出身といっても八歳まで。父親が京都の紡績会社に就職し、京都へ移住して以来京都に住んでいるので他府県出身というより京都人。京都人の性格もいろいろだが、積極的な性格などは一般的にいわれる京都人ではない。戦後、父が内外特殊練染という染色工場を始めた影響もあって京都市立洛陽工業高校の織染科に進む。卒業後日本織物加工に就職したが、一年で実家の特殊練染を手伝うよう懇請されて退職。特殊練染で染色全般を身につけていった。

昭和三十五年に自動車のシートやカーテン地など、産業資材の染色をする内外特殊染工を設立した。二十四歳であった。昭和四十年には父が社長をしていた会社を内外特殊染工に吸収合併した。内外特殊染工では産業資材用の染色を中心に業容を拡大していったが、取引のあった大手の紡績会社や商社、機械メーカーなどが輸出した染色プラントの染色技術指導なども数多く手がけた。自社でも技術指導した現地の担当者を指導するなどの経験を通じて「優秀なプラントを輸出していると、人件費の差から発展途上国から繊維染色製品の輸入品が急増する〝ブーメラン現象〟を予測できた」という。また、自社の染色装置なども改良や自社開発するなどエンジニアリング部門を充実していった。こうした経験と自社保有技術が後の立体駐車場の内外テクニカ設立、立体駐車場分野への進出の布石となった。

## 大手独占市場へ果敢に参入

自動車用シートやカーペットの染色加工を通じて自動車メーカーとの関係ができ、自動車の普及とともに駐車場不足を知った。自動車メーカーからも土地の有効利用のため立体駐車場分野の有望性を示唆されたのをきっかけに、駐車場システムの研究開発を始めた。そのころ立体駐車場は三菱重工業、日立造船、新明和工業の大手三社がほぼ市場を抑えていた。岩見は「外国車の輸入は増えるだろう。しかし、アメリカは土地が安いといって買っても土地の輸入はできない。輸入ができないもの、海外のメーカーが参入しにくいものとして立体駐車場の研究を進めました」という。

染色プラントの関連装置として自動倉庫がある。これを立体駐車場に応用すれば保有技術の延長でいける。こうした裏づけと、中層企業でも参入の余地があると判断して、研究開発を進めていった。ところが思わぬ障害がでてきた。金融機関からの研究開発費増大に対するクレームだった。「銀行が染色屋なのに研究費を使いすぎる。融資を引き上げるといってきた。立体駐車場の将来性と技術的な裏づけを説明しても理解してくれない。父にも怒られるわで新会社をつくらざるをえなかった」という事情で、昭和四十八年に設立したのが内外テクニカ。多段式立体駐車場タカパークの一号機が完成したのは、昭和四十九年末のことだった。

タイミングよく、自動車の普及で立体駐車場を求める社会的背景ができていた。資本金一千万円、年間売上高三億円でスタートした会社がまたたく間に業績を伸ばし、ピーク時には年間二百億円を超える企業に成長した。自動車ディーラー、地方自治体、空港や花と緑の万国博覧会などイベント会場や民間のユーザーなどブームに乗っての拡大であった。床面が鉄板でなく鉄板を三倍に伸ばした網式の立体駐車場で建設費の低廉化を実現したことも大ヒットの一因となった。この間、韓国に現地法人も設立した。韓国をはじめ海外に立体駐車場を輸出してきた。

「中近東では立体駐車場のことをタカパークというんですよ。世界語となったカラオケのように。大手メーカーにもそこの会社のタカパークがほしいというような注文が入る」とか。機種も多段式、自走式二段駐車場、芝生を生かした簡易駐車場を主体に三千件以上の建設実績を持っている。見事に中小企業でも立体駐車場分野に参入できるということを実証した。

「融資を引き上げるといってきた金融機関もわれわれの勉強不足でした、と謝りにきて内外テクニカとも取引が始まった」。

しかしニッチ参入を成功させた岩見にも、ある種の油断と見込み違いがあった。それはバブルの崩壊と景気の長期低迷だ。現在の売上高は国内約二十億円、海外四十億円の年間売上高約六十億円と盛時の三分の一以下に減少してしまった。それでも立体駐車場の普及にパイオニア的役割を果たしてきただけに、淡路花博に芝生駐車場を担当したほか、現在は二〇〇二年に開催されるサッカーワールドカップ会場の立体駐車場などを受注している。また、新機種として小さなスペースで多くの駐車が可能な世界初の円形、楕円形立体駐車場を開発した。芝生の駐車場も環境、エコロジーなどの重視とともに今後の伸びを期待している。

経営という面では、倒産はしていないが天国も地獄もみた。そんな経験者としてこれからのベンチャーに、「事業計画にしても研究開発にしても、三年間ぐらいはジックリあらゆる角度から練り上げなさい。実行となると小さくても会社をつくるとか、製品をつくること。形ができると金はついてきます。今のベンチャーは逆をやっている。簡単に取り組み資金がないといっているのが多いようです。事業はコピー屋さんではダメ、独自のものでないと成功の確率は低い。必要は成功の母というでしょう。ヒントはどこにでもあります」と体験を含めてのアドバイス。今、内外テクニカはターニングポイントに立っている。「M＆Aをはじめ魅力のある取り組みを考えています。いま新しい展開を検討している。新機種もマンションなどの駐車場不足の解消に歓迎されると確信しています。もうひと仕事考えていますよ」とベンチャー精神は衰えていないようだ。

# ベンチャー支援も積極推進

京都銀行
頭取　柏原　康夫

明るく行動的である。また、庶民性も持っている。二十一世紀の金融マンに求められる一つのタイプであろう。京都に本店を置く地銀のトップとして当然ともいえるが、京都、京都産業界の発展に人一倍支援、貢献する気持ちが強い。地元金融機関の代表としてベンチャーに対する考え方や地元中小企業などへの支援等について語ってもらった。

**◆ベンチャーを志す人達に◆**

産業活性化のため、ベンチャーがどんどん出てこられることを期待しています。京都銀行としては京都ベンチャー育成ファンドなどで支援します。

なぜ京都に優れた企業、特にベンチャーから世界的な企業に大発展した企業が多いのか方々から聞かれます。何が原因か、何が正解か分かりませんが、それぞれの企業家の努力と、考えて取り組まれたことが大前提にあると思います。そういうことに駆り立てた何かが京都にあるのかということを考えますと、いろんな要素があるでしょう。まず大学都市であった。伝統的な最高水準の匠の技術が存在しました。雅びの世界、最高のものが京都に継承されてきたということもあったでしょう。シドニーオリンピックでのシンクロナイズドスイミングの日本チームの水着は京都の染色家がつくったんです。最新鋭のものも染色技術から生まれています。こうした歴史的な条件・技術の継承のほかに、明治維新後東京に遷都されて京都の人口が減少し、産業界の活力も衰えましたが、先人たちの頑張りがありましたね。琵琶湖疎水の建設、我が国初の水力発電所、市電とか時代の先端をいく事業に取り組んできました。島津源蔵など事業家にも優れた人達がおられ、いまでいうハイテク型の京都の産業界が形成されてきました。そうした流れを受けて戦後急成長した技術系企業の創業者が続いたということでしょう。また、次の世代といいますか、三十年代、四十年代に創業した人達は先輩企業を見ながらその流れを継承していったといえるでしょう。

京都銀行は平成十二年四月に、二十一世紀を担う先進的な技術の研究開発や新産業創出を支援するため、京都（K）滋賀（S）大阪（O）のベンチャーを対象に「京都ベンチャー育成ファンド一号投資事業有限責任組合」（K・S・Oベンチャーファンド一号）をエヌ・アイ・エフベンチャーズ株式会社と共同で設立しました。次の世代の成長企業はこのファンドのなかから出てきてくれないかと思っているんですがね。出藍《しゅつらん》のということがありますからね。身近にたくさん目標となる企業があります。先頭は大変だが目標があれば、それを乗り越えようという努力はしやすい。

最近のベンチャーに対しては、産業活性化のためどんどん出てきてほしいですが、基本的に簡単に資金を集めるということには否定的です。例えばビル・ゲイツというような世界的に通用する構想力を持った人なら、見えないものでも成功する可能性はあるでしょうが、ベンチャーで成功するのは何百人にひとりとかの確率でしょう。われわれはお客さまからお預かりしている大切な預金を運用するのですから、そういう対象に投資することはできません。参加できなくても止むを得まいと割り切っています。ソフト企業もモノをつくっているといえるかもしれません。そういう分野もこれからは出てくると思いますが、現時点ではモノづくりで構想もシッカリしているところが大前提と考えています。

ソフト分野などは最初はそんなに資金が要らない。それなら我々の間接金融でまかなえる。信用力が乏しければ保証協会融資もありますしね。創業当初一、二年はしのげるわけです。その間に技術的に磨かれて、日本で、さらに世界的に通用するものであれば、そこからは直接融資ができるのではないかと考えられます。私どもは間接金融とベンチャーファンドを持っていますので、この二つでもって地道にそうした企業と付き合っていきたい。お客さまのほうも安心してここまでは間接金融やファンドを利用しよう、その先は直接調達の道があると計画がたてられます。この段階までくれば人的支援をはじめ、いろんなサポートの幅も広がりますからね。経営者の人柄とか力量もこちらも分かるし、いろんな面での関係の発展というのはあるでしょう。

### ファンド第二号も間近に

Ｋ・Ｓ・Ｏファンドをみていて、さすがにベンチャーが続出した京都だと思いますのは、間もなく第一号の十億円の枠は突破します。投資は進んでいます。二百五十社程リストアップして、投資したところが十社を超えました。これらの企業がどのように発展されるか楽しみです。また、我々以外でもベンチャー育成制度もできていますからね。発展されたベンチャーの創業者の方は皆さん資金調達の苦労も知っておられますし、財務も詳しい。財務を知るということは経営者にとって非常に大切なことです。こうした人達のころに比べ今はいろんな支援策がありますが、ベンチャーだからといって何から何まで支援してくださいというのはどうかと思います。一方、金融機関に対して人をみて融資をしろという意見もありますが、計画に対してある程度の判断はできますが、人をみて判断することは難しいです。また、新しい分野に対しては技術的な水準とか、その分野の将来性などを勉強しておかなければいけませんが、これが難しいですね。ファンドはいま一号ですが、枠がいっぱいになれば二号、三号と増やしていきます。早くそうなりたいものです。

当行は京都総合経済研究所で取引先企業経営者の交流組織であります京銀プレジデントアソシエーション（ＫＰＡ）を運営していますが、会員が二千名いらっしゃいます。内容は経営に関する各種の定期刊行物の配付や、講演会・セミナーのほか若手経営者のためのビジネススクール「輝き塾」の開催。創業や経営の相談、ビジネス交流会の開催、人材育成のための研修会など、経営のお手伝いをしています。また、人材面でも経営スタッフの派遣要請がありますが、三百人位になりますか。上場前クラスになりますと、監査法人や証券会社と折衝できる人物が求められます。社長や副社長などにも就任しています。戦力になる人材を求められますし、出すほうも戦力になる人を出すのですから大変なんですが、地元企業の発展に役立てばとがんばっています。今後ももっとも信頼されるメインバンクとして地域経済の発展に努力していきます。

# 京都にはこれだけある産業振興支援機関

◎大学（理工学部関係）

☆京都大学工学部　（〇七五）七五三―五〇〇〇（庶務掛）

所在地　京都市左京区吉田本町

地球工学科＝土木工学、環境工学、資源工学

建築学科＝建築学

物理工学科＝機械システム学、材料科学、エネルギー理工学、宇宙基礎工学

電気電子工学科＝電気電子工学

情報学科＝計算機科学、数理工学

工業化学科＝反応化学、物性化学、化学プロセス工学

☆京都工芸繊維大学工芸学部・繊維学部

所在地　京都市左京区松ケ崎御所海道町

工芸学部　（〇七五）七二四―七一一三

機械システム工学科

電子情報工学科

物質工学科
造形工学科
（〇七五）七二四—七七一三
繊維学部
応用生物学科
高分子学科
デザイン経営工学科

☆立命館大学理工学部
所在地　滋賀県草津市野路東一の一の一（びわこ・くさつキャンパス）
（〇七七）五六六—一一一一（代表）
理工学部
数理科学科　機械工学科
物理科学科　ロボティクス学科
応用化学科　土木工学科
化学生物工学科　環境システム工学科
電気電子工学科　情報学科
光工学科

☆同志社大学工学部
所在地　京都府京田辺市同志社大学・京田辺校地
工学部　（〇七七四）六五―六二〇〇
知識工学科　電気工学科
電子工学科　機械システム工学科
機能分子工学科　エネルギー機械工学科
物質化学工学科

☆京都産業大学工学部
所在地　京都市北区上賀茂本山
工学部　（〇七五）七〇五―一四六六
情報通信工学科
生物工学科

☆龍谷大学理工学部
所在地　滋賀県大津市瀬田大江町横谷一の五（瀬田学舎）
理工学部　（〇七七）五四三―七七三〇
数理情報学科　物質化学科

電子情報学科
機械システム工学科
※　以上の各大学には大学院研究科が設置されている

◎新事業創出支援関連の各団体・企業
☆財団法人京都高度技術研究所　（〇七五）三一五―三六二五
所在地　京都市下京区中堂寺南町一七
∴京都市域の新事業創出（地域プラットフォーム）の中核的支援機関（総合窓口）として関係支援機関、団体との連携に当たる。
高度研独自に受託研究・共同開発事業や各種の新産業創出・新技術研究開発支援事業を行なう。
☆財団法人京都産業情報センター　（〇七五）三一五―八六七七
所在地　京都市下京区中堂寺南町一七・京都リサーチパーク内
∴京都府内全域の中小企業に経営情報の提供や異業種交流など京都産業の振興や情報化などを推進する。

☆財団法人京都産業技術振興財団
所在地　京都市下京区中堂寺南町一七・京都府中小企業総合センター内
（〇七五）三一五—九四二五
∴新たな事業展開のための新製品、新技術の研究開発助成や投資ならびに人材育成支援。ベンチャーキャピタルを通して京都ベンチャー企業総合支援事業を行なう。

☆財団法人大学コンソーシアム京都
所在地　京都市下京区西洞院塩小路下る・キャンパスプラザ京都
（〇七五）三五三—九一〇〇
∴大学と産業界、地域社会との情報交流や連携。大学相互の結びつきを強める役割を持つ。インターシップ事業を進めているほか平成十二年十月から京都市起業家学校をスタートさせた。

☆社団法人発明協会京都支部
所在地　京都市下京区中堂寺南町一七・京都リサーチパーク内
（〇七五）三一五—八六八六
∴起業および企業活動に知的財産を活用するための工業所有権セミナーや特許情報の提供・検索や出願に関する相談、法改正説明会などを行なっている。

☆雇用開発機構京都センター
所在地　京都市南区東九条殿田町七〇・京都テルサ内
（〇七五）六八一—三八〇〇

・産業・業種団体や事業主に対して雇用に関する相談・援助や事業主などが起業や異業種進出に必要となる人材確保に助成金の支給や助成を行なう。

☆（株）京都ソフトアプリケーション　（〇七五）三一五―一〇四〇

所在地　京都市下京区中堂寺南町一七・京都リサーチパーク内

・ソフトウエア関連業務についての研修や企業の特定ニーズの実戦指導、ソフトウエアの開発受託などを主業務とする。今後、新事業創出と産業振興に必要な情報、人材育成も行なう予定。

☆（株）京都産業振興センター　（〇七五）七六二―二六三〇

所在地　京都市左京区岡崎勝成寺町九の一

・京都市勧業会館「みやこめっせ」の管理運営と展示会・見本市・各種催事の企画実施を通じて京都産業の発展、活性化を支援するための情報交流拠点

☆京都リサーチパーク（株）　（〇七五）三二二―七八〇〇

所在地　京都市下京区中堂寺南町一七

・ベンチャー企業を支援する都市型リサーチパーク。研究開発ラボ・事務所の提供、産業振興支援機関の集積による新事業育成、産学交流や技術移転などを行なっている。

☆京都商工会議所
所在地　京都市中京区烏丸通夷川上ル　（〇七五）二一二―六四〇〇
・・商工業に関する指導、講習会の開催、金融の斡旋、小規模事業施策の普及や創業支援事業などを行なう。

☆社団法人京都工業会
所在地　京都市右京区西京極豆田町二　（〇七五）三一三―〇七五一
・・京都の全産業メーカーが加入する総合団体。生産性と能率向上、人材育成事業ならびに先端科学技術開発の一環として産学交流などを積極的に進めている。

☆財団法人京都市小規模事業金融公社
所在地　京都市下京区四条室町東入ル・京都産業会館内　（〇七五）二一一―七四一六
・・小規模事業者を対象に経営改善、事業活動の円滑化を目的に金融・経営相談や指導のほか市内で工場・店舗を設ける新規開業者に開業資金を融資している。

☆京都市工業試験場
所在地　京都市下京区中堂寺南町一七・京都リサーチパーク内　（〇七五）三一一―三一七一

・ファインセラミックの成形技術や清酒の新酵母開発など近代工業から伝統産業まで幅広い分野にわたって技術開発指導、人材育成などを行なっている。

☆京都市染色試験場

所在地　京都市上京区烏丸通上立売上ル相国寺門前町六四七の二〇　（〇七五）四四一─三二六五

・繊維染色試験・分析、研究指導を行なっている。また後継者育成のための研修なども行なう。

京都市内に設置されているこれら創業、研究開発支援機関のほかに関西文化学術研究都市内にも「京都府けいはんなインキュベート・ルーム」や「株式会社けいはんな」といった技術開発、新産業創出支援機関がある。

※京都府けいはんなインキュベート・ルームは財団法人京都府中小企業振興公社が京都府からの補助をうけて、関西文化学術都市のけいはんなプラザで研究機関に集積された研究成果や研究開発環境を活用して新産業創出・ベンチャー育成の拠点として設置しているもの。

☆財団法人京都府中小企業振興公社新事業支援部

所在地　京都市下京区中堂寺南町一七　（〇七五）三一五─八八四五

∴入居対象は①創業を目指す個人、法人、任意グループ②学生ベンチャーを目指す人③創業間もない企業や個人④創造的な事業活動を行なう人⑤経営の革新事業の開を目指す人を対象とする。

∴入居対象とする事業活動は主として新技術・新商品・新サービスなどの研究開発、試作またはこれに準ずる事業活動。

∴入居期間は三年間。

∴経営・技術両面から事業計画をサポートするほか、株式会社国際電気通信基技術研究所（ＡＴＲ）などの研究機関の産業化シーズの提供や産学官研究会への参加機会を提供する。事業受託は株式会社けいはんな。

※「株式会社けいはんな」は官民共同出資で設立された第三セクター。通信・放送機構のギガビット・ネットワーク共同利用型研究開発施設やＢＢＣ（新世代通信網実験協議会）をはじめ、情報通信関連を中心にさまざまな企業の研究拠点として利用され通産省、科学技術庁や科学技術振興事業団など大規模な研究プロジェクトにもスペースを提供。多くの研究者により研究活動が行なわれている。京都府のインキュベート・ルームが設置されており、技術・経営に関するソフト支援を行ないベンチャー企業育成に寄与している。レンタルラボ、コンベンション施設「住友ホール」、パソコン教

室やホームページなどを作成する情報センター、ホテル・レストランを持つ。

☆株式会社けいはんな

所在地　京都府相楽郡精華町光台一丁目七　（〇七七四）九五―五一一一

∵産学官交流活動や新産業・新技術創出に向けた研究開発の推進や研究交流、各種文化交流。情報発信や支援組織を行なっている。

## ※掲載の未上場企業

株式会社暁電機製作所　（075）595-6665
607-8080　京都市山科区竹鼻竹ノ街道町 70 番地

株式会社秋江　（075）432-2250
602-0056　京都市上京区堀川通上立売下ル北舟橋町

株式会社イシダ　（075）771-4141（代）
606-8392　京都市左京区聖護院山王町 44 番地

株式会社ＭＫ　（075）681-9301
601-8432　京都市南区西九条東島町 63-1 番地

株式会社片岡製作所　（075）933-1101（代）
601-8203　京都市南区久世築山町 140

株式会社キョーテック　（075）311-6521
600-8814　京都市下京区中堂寺庄ノ内町 39 番地

株式会社公共試作研究所　（07712）3-6900
621-0027　亀岡市曽我部町犬飼池ノ北 24-33

サムコインターナショナル研究所（075）621-7841
612-8443　京都市伏見区竹田藁屋町 36 番地

竹中グループセンター　（075）592-2222（代）
607-8156　京都市山科区東野五条通外環西入 83-1

村田機械株式会社　（075）672-8111（代）
612-8418　京都市伏見区竹田向代町 134

株式会社森川商店　（075）341-8121
600-8480　京都市下京区東堀川通五条上ル

株式会社ユニシス　（075）255-6262（代）
604-8161　京都市中京区烏丸通三条下ル
饅頭屋町 595-3 大同生命ビル六階

# あとがき

ここに至るまで経緯がありましたが、「京都だから成功した」を上梓することができました。筆者の新聞記者としての卒業論文的な思いをこめて、同時にかなり知っている経営者ということを一つの選択基準にさせてもらいました。このため、誰々が入っていないという方も多かろうと思いますが、ご容赦ねがいます。また、一部の創業者などは現社長の紹介のなかで簡単に触れさせてもらいました。紙数の関係などからこれまでいろいろ経営者とは、というようなことを駆け出し記者の小生にお教えいただいた、京都産業界の先達をはじめ思い出の人々という方達を紹介することができませんでした。ここで、紙面を借りて簡単に何人かをご紹介することをお許しください。

京都で最初にお会いしたのは島津製作所の鈴木庸輔さん（会長・故人）でした。戦後、二代目島津源蔵の後をうけて社長に就任した人だった。終戦前後、島津製作所は日刊工業新聞社と、取材先以上の関係があったなどから孫のように接してもらった。当時としては背が高くすらりとした、夏などは蝶ネクタイが似合ったし、持ち物もセンスをうかがわせるもので、まさに英国紳士だった。同時に和魂洋才、趣味は俳句（号・東丘）など和風で、自在鉤もかなり収集しておられた。京都経営者協会初代会長をはじめ経済団体の重鎮であったし、業種団体の役職も多かった。戦後京都産業界の功労者の一人である。

鈴木さんの二代後に社長に就任した上西亮二さん（社長・会長）は、いまは会社には出てこられていないが相談役として元気にしておられる。鈴木さんとは義理の叔父と甥の関係になる。昭和六年に京都帝国大学（京大）工学部を卒業後、島津製作所に入社。昭和七年から午前中は勤務、午後は京都帝大大学院に出向し、同十四年から二十七年まで同大学講師・非常勤講師を務めた学者でもある。筆者が最初に会ったのは製造担当常務時代であった。以後親しくしてもらい、十数年前から特に親しくなった。通産省、科学技術庁関係の審議会委員なども多く、二十年くらい前まで京都で唯一の〝全国区〟の人だった。会議の途中で、軽妙な駄洒落を飛ばして雰囲気を和ませるというような面も持っておられた。「わたし、こんなんいうからあきまへんのやな」「上西さん。それが出なくなったらあきませんで」という会話が懐かしい。

京都産業界の先達の一人に京福電鉄の石川芳次郎（二代目社長・故人）さんがいる。京都の電力、電機業界の大先輩であり、京都名誉市民でもある。戦後、京福電鉄の経営に専念されてからは京都商工会議所副会頭くらいであったから広くは知られていなかった。東京電灯の見習いから技術に親しみ、勤務ぶりが認められて、静岡電灯を経て京都電灯へ入社。勤務の傍ら勉学に励み、最終的には京都帝国大学工学部電気工学科を卒業。京都電灯に再入社し技術、営業両面で活躍し、京都電気倶楽部が設立されると初代理事長に就任したほどの人物であった。晩年に近いころはその風貌から和製アインシュタインと呼ばれ親しまれた。

ムーンバットの河野卓男さん（会長・故人）は筆者に拙著を書く動機づけをしてくれた人といえる。京都大学法学部卒業後、日本興業銀行、商工省（現経済産業省）を経て同社に入社したという経歴を持つ。京大卒ということで歴代総長などとも懇意ということもあったのか、毎年二月に京都国際会議場で開かれる関西財界セミナーでは関西文化学術都市の早期建設を発言していた。筆者が京都支局長であったときに、京都企業のユニークさ、高成長の秘密のような質問をされた。その後思い返してみると、これが親しくなるきっかけであったようにも思う。現在の学研都市の現状をどう見ておられるだろう。

他にも書きたい、思い出深い人は多いが、この四人に止めさせてもらいたい。

今回「京都だから成功した」の執筆に当たって改めて取材したが、ベンチャーの先輩やチャレンジ精神旺盛な経営者は、ベンチャーがどんどん出てくることは歓迎しているが、昨今の一部のネットベンチャーの経営、資金調達などについては危惧の念を抱いている。真摯に努力するモノづくりベンチャーの続出を期待している、とまとめられよう。そして、これら先輩たちが、ここまで発展できた裏には支援者、協力者との運命的ともいえる出会いがあった。支援者に協力してやろうとの気持ちを抱かせたのは、人柄であり、経営に、開発に取り組む姿であった。ベンチャーとは、との定義もいろいろあるようだが、ここでは世界的に大発展した企業から、好きな開発ができればという開発者まで規模を問わずにいろんなケースを紹介しようとした。これからベンチャーに挑戦しようとする人達にいくばくかでも参考になれば幸いと考えている。

今回、多忙ななかでお会いいただいた経営者のみなさん、厳しい条件のなかでスケジュールの調整や資料などを準備していただいた広報担当のみなさんに心からお礼申し上げます。また、機会を与えていただいた柳原書店の柳原喜兵衛社長、天野敏則さんには特にお世話になった。

ここに記して感謝したい。

平成十三年三月

関西プレスクラブ会員
経済ジャーナリスト
堀内　博

**【著者紹介】**

堀内　博（ほりうち・ひろし）

1937年京都府生まれ。関西学院大学卒業。

日刊工業新聞記者、滋賀、京都支局長、大阪支社編集局第二部長、産業研究所関西事務所長などを経て1995年退職。現在はフリーの経済ジャーナリスト。関西プレスクラブ会員。

現住所　〒600-8812

京都市下京区中堂寺北町18

TEL&FAX　075-311-4059

**京都だから成功した**　～ベンチャーから世界企業へ～

| | |
|---|---|
| 2001年4月25日 | 初版第一刷発行 |
| 著　　者 | 堀内　博 |
| 発 行 者 | 柳原喜兵衛 |
| 発 行 所 | 合資会社柳原書店・柳原出版<br>〒615-8107<br>京都市西京区川島北裏町74<br>TEL 075-381-2319<br>FAX075-393-0469 |

印　刷　内外印刷㈱　　製　本　㈲清水製本所

ISBN4-8409-4303-6